做高中体育教育的追梦人

ZUO GAOZHONG TIYU JIAOYU DE ZHUIMENGREN

钟慕期 ◎ 著

陕西新华出版传媒集团
陕西人民教育出版社
·西安·

图书在版编目(CIP)数据

做高中体育教育的追梦人／钟慕期著.—西安:陕西人民
教育出版社,2020.10
ISBN 978-7-5450-7796-4

Ⅰ.①做… Ⅱ.①钟… Ⅲ.①体育教育-教学研究-高中 Ⅳ.①G633.962

中国版本图书馆 CIP 数据核字(2020)第 199694 号

做高中体育教育的追梦人

钟慕期　著

责任编辑　王玉

装帧设计　张玉兰

出版发行	陕西新华出版传媒集团
	陕西人民教育出版社
地　　址	西安市丈八五路 58 号
邮　　编	710077
经　　销	各地新华书店
印　　刷	河北文盛印刷有限公司
开　　本	880mm×1230mm　1/32
印　　张	6.75
字　　数	200 千字
版　　次	2020 年 10 月第 1 版
印　　次	2020 年 10 月第 1 次印刷
书　　号	ISBN 978-7-5450-7796-4
定　　价	40.00 元

序　言

习近平主席在北京师范大学演讲时说："教育是提高人民综合素质、促进人的全面发展的重要途径，是民族振兴、社会进步的重要基石，是对中华民族伟大复兴具有决定性意义的事业。教师是人类历史上最古老的职业之一，也是最伟大、最神圣的职业之一。"人们常说："教师是太阳底下最崇高的职业。"

教育是离不开教师的！教师之所以这么重要，就在于教师的工作是塑造灵魂、塑造生命、塑造人的工作。一个人遇到好老师是人生的幸运，一个学校拥有好教师是学校的光荣，一个民族源源不断地涌现出一批又一批好教师则是民族的希望。

钟慕期老师1990年参加教育工作，一直坚守在教育一线。他既是一位优秀的高中体育教师、优秀的教练员，又是一名优秀的高中班主任。从事教育工作30年中担任班主任工作20年。他2002～2012年当选湖南省岳阳市第五届、第六届政协委员；2004年，被评为"岳阳市体育骨干教师"；2004年，晋升为中学高级教师；2007年，被评为"湖南省体育骨干教师"；2003：～2019年，多次被评为岳阳市和湖南省"优秀教练员"；2006年，被评为"汨罗市优秀党外干部"；2007年，被评为"全国百名优秀体育教师"；2010年，在汨罗市第六届"名师"评选活动中，被评为体育学科带头人、名师；2016年至今，出任湖南省汨罗市第十届政协委员。

本书是作者从事党和人民的教育事业——高中体育教育教学、

训练、管理 30 年的足迹和心血,它是作者心得体会、经验总结、科学研究的结晶。本书涉及运动选材、管理、训练(计划、方法、总结)、营养、损伤、按摩、恢复、体育教学、体育研究、体育高考、体育竞赛、课外体育活动等各个方面,还包含协调专业教师与文化教师、教师与学生、教师与家长的关系等内容。本书是中小学体育教师、班主任、体育院校学生应该学习的难得的一线教师的经验总结。

作者是一位师德高尚、业务精湛、充满活力的高素质专业教师,是一位有理想信念、有道德情操、有扎实学识、有仁爱之心的"四有"好教师。作者自觉贯彻党的教育方针,教书育人,呕心沥血,默默奉献,为国民身体素质的提升、国家的体育事业做出了较大贡献,赢得了学校、学生、家庭、社会的广泛赞誉和普遍尊重。他能够认清肩负的使命和责任,努力为发展具有中国特色、世界水平的现代教育,培养社会主义事业的建设者和接班人做出了自己的贡献!

本书能够很好地指导体育教育工作者做教育教学工作和生活中的有心人,去总结、去研究,认真扎实地工作,真正做到为人师表、爱生如子。

杨伯群
2019 年 12 月 4 日

目　录

序言

第一辑　圆梦做一个体育文化人……………………… 1

体育教育教学、训练、研究、管理是我的最爱 ………… 1

千里马常有而伯乐不常有 ……………………………… 3

为梦想而奋斗 …………………………………………… 5

鸣奏青春旋律　抒写运动乐章 ………………………… 7

一分耕耘　一分收获 …………………………………… 12

第二辑　以体益智、以体健美……………………… 21

准备和整理活动在体育教学、训练中的意义 ………… 21

对提高 5 米三向折回跑成绩的探讨 …………………… 23

提高中学生身体素质的有效途径 ……………………… 26

对体育高考前放松与营养调配的探讨 ………………… 28

1999 届体育专业生训练计划 …………………………… 33

1999 届体育毕业生训练计划 …………………………… 34

根据师大内部动态制订体训计划(1998.12) ………… 40

汨罗市三中 1999 届体育专业毕业生家长会 ………… 44

横跳箱分腿腾越的常见错误及纠正方法 ……………… 46

对提高立定三级跳远成绩的探讨 ……………………… 49

谈训练体育专业生的几点体会 ………………………… 52

浅谈体育教学中的心理训练 …………………… 55

宝剑锋从磨砺出,梅花香自苦寒来…………… 57

浅论提高"双手前掷实心球"成绩的方法 …… 61

激发学生耐久跑兴趣的教学训练法 …………… 62

"跳起外侧坐——越两杠挺身下"

    常见问题及解决办法 ……………………… 64

脱离运动场地跑道的短跑训练法 …………… 66

体育教师自我保健法 …………………………… 69

4×100米接力赛中常见的错误及

    产生原因和纠正方法 …………………… 71

高中体育分层教学模式的实验 ……………… 73

论素质教育下体育教学中美学教育的渗透 …… 76

浅论素质教育下中学体育教学改革 …………… 80

浅谈对体育特长生的管理 …………………… 84

对我校课外体育活动中运动损伤的调查研究初探 …… 85

对编排体育课程表的探讨 …………………… 89

怎样踏好跳远的步点 ………………………… 90

中学生重视体育锻炼,注意饮食与减肥的必要性 …… 92

"三十米跑"课的设计 ………………………… 94

省示范性中学课余训练对周边学校辐射的研究 …… 95

对如何培养体育特长生的探讨………………… 102

双人徒手操十八法 …………………………… 104

我校实施体育模块教学中"'271'高效课堂

    分层教学模式"的研究 ………………… 109

巧用接力棒培养七种意识 ·················· 117

"渐进"训练法在中长跑中的运用 ·········· 118

落水及运动损伤的急救处理方法 ·········· 121

浅谈"家访"在带训体育专业生中的地位和作用 ····· 123

浅论逆序运动在体育教学与训练中的妙用 ········· 126

摆臂中常见错误及纠正办法 ·············· 127

发展弹跳力的方法 ······················ 129

"体育与健康"课堂教学创新的研究 ········· 130

论教练员的自身修养 ···················· 134

简论优秀体育教师的素质 ················ 137

"望、闻、问、切"在"体育与健康"教学中的运用 ····· 141

"两级蛙跳"的训练方法初探 ·············· 144

对我校大课间体育活动的初步探讨 ········· 146

电子监控式接力棒项目书 ················ 150

给即将跨入汨罗一中校门的体育特长生的一封信 ····· 154

第三辑 以体育德、以体树人 ··········· 160

好习惯使人终身受益 ···················· 160

读曾国藩的《持家教子之术》有感 ·········· 162

班主任工作的八"以"之我见 ············· 166

"六心"造就优秀班主任 ················· 171

如何选拔、培养高中一年级的班团干部 ······ 175

创造良好班风的举措 ···················· 178

班主任工作的"七心" ··················· 179

实施班级整体负责制,促进班级整体的提升 ····· 181

抓班风学风建设　促班级整体提升……………………184

我与国旗有个约会………………………………………185

中学生要进一步重视思想道德品质教育………………187

多措并举、集中发力抓管班级…………………………191

2019年下学期高一（595）班班级工作总结……………193

抓"三优"促班级整体提升………………………………198

第四辑　在外培训学习、"充电"的部分笔记…………201

第一辑　圆梦做一个体育文化人

体育教育教学、训练、研究、管理是我的最爱

邓小平同志曾经指出："一个学校能不能为社会主义建设培养合格的人才，培养德智体全面发展、有社会主义觉悟的有文化的劳动者，关键在教师。"教师重要，就在于教师的工作是塑造灵魂、塑造生命、塑造人的工作。一个人遇到好教师是人生的幸运，一所学校拥有好教师是学校的光荣，一个民族源源不断地涌现出一批又一批好教师，则是民族的希望。

韩愈在《师说》中写道："师者，所以传道、授业、解惑也。"体育教师，应该热爱党的教育事业，始终把教书育人作为自己的最爱，作为一项神圣的职责。我参加工作30年。从事高中体育教学、训练及管理工作30年。我坚决拥护党的领导，拥护党的路线、方针、政策，坚持学习毛泽东思想、邓小平理论，努力实践"三个代表"的重要思想，努力学习"科学发展观""新时代中国特色社会主义理论"。

体育教师有效地组织教学，能使学生拥有更多时间有效地学习。体育教师对待教育事业责任感要强，事业心要强，要有奉献精神，要耐得住孤单、寂寞，要守得住清贫，不受金钱、名利的诱惑，一心为了学生的健康发展。体育教师起早摸黑，风雨无阻，无论是寒风刺骨，还是夏日炎炎，都要无怨无悔。

2002～2012年，我连任湖南省岳阳市第五届、第六届政协委员；2004年，被评为"岳阳市体育骨干教师"；2004年，晋升为中学高级教师；2007年，被评为"湖南省体育骨干教师"；2003～2019年，多次被评为岳阳市和湖南省"优秀教练员"；2007年，被评为"全国百名优秀体育教师"；2010年，在汨罗市第六届"名师"评选活动中，被评为体育学科带头人、名师。2016年至今，出任湖南省汨罗市第十届政协委员。

作为岳阳市政协委员、汨罗市政协委员，我积极参政议政，积极进言献策，坚决行使民主监督权。注重研究历史、社会时事，有极强的民族责任感、使命感和事业心。坚持用公民道德规范和师德规范严格要求自己，做到"心存高远、爱岗敬业、为人师表、教书育人、严谨笃学、与时俱进"；坚持用正确的教育思想指导自己的工作，用最新的教育理念引导学生，全面贯彻党的教育方针，积极推行素质教育，实践创新教育。

从教30年来，我自学了《教育学》《心理学》《运动训练学》《管理学》等多种学科，并不断学习教育理论知识，钻研课题，参加各种继续教育的培训学习，写了四十多万字的读书笔记，为青年教师进行辅导讲座十六场次。"教育要面向世界、面向未来、面向社会"，21世纪的教育对教师提出了更高的要求，现代教育呼唤高素质的教师。作为教育工作者，为了提高教学水平，使事业之舟永远向前，我在搞好教育教学、训练及管理的同时，苦练内功，不断进取，与时俱进，努力学习文化、业务方面的知识，努力增强自身的"造血功能"，真正做到教学相长。

当好人民教师，首要的是做好德育工作。我始终把正确的思想道德教育摆在第一位，关心爱护学生，引导学生健康成长，明确思想不过关是危险品。在担任班主任工作的过程中，我运用素质教育思想和教育心理学知识指导班级工作，形成了自己的班主任工作作风及以"班级目标管理"为核心的管理体系，"建立班级整体负责制，创建良好的班风学风"。以高超的教学水平树立自己的威信，以平等待人、关心爱护每一位同学赢得普遍的支持,亲自参加班级文体活动,增强集体荣誉感和凝聚力,用民主的方式来带好班级,促进和谐向上班风的形成。

体育教育教学质量连续多年夺得高中组第一名,进入市先进或优秀行列;在县级、市级、地级、省级、国家级刊物上发表论文六十多篇,涉及体育教学、训练、管理、选材、体育与医学、心理学、班主任工作管理等方面;2003～2019年,带训的校田径代表队,在汨罗市中小学生田径比赛中夺得团体总分十连冠,在岳阳市中学田径比赛中稳坐前三强,我多次带学生参加湖南省田径传统校运动会、湖南省中学生田径运动会、湖南省田径锦标赛。在取得较好成绩的同时,多次被评为精神文明代表队。带训的体育专业生遍及北京体育大学、北京师范大学、上海体育学院、沈阳体育学院、广州体育学院、武汉体育学院、湖南师范大学体育学院等名校。现仍继续耕耘于"蓝墨水的上游"汨罗江畔,素质教育的发源地——汨罗市第一中学,发扬着屈大夫"路漫漫其修远兮,吾将上下而求索"的求索精神,以及任弼时同志的"骆驼精神"。"成绩当起点,荣誉做动力。"一切只能说明过去,我今后将继续努力工作,为体育教育教学、训练及管理工作做出更大的贡献,做一个体育文化人。

千里马常有而伯乐不常有

时间回到1983年下半年的一天,从未参加过课余体育训练的我,在大荆一所农村中学里,参加了学校举行的田径比赛。洪安涛老师(长沙市下放到大荆的)目不转睛地望着我一路过五关、斩六将、一马当先甩开对手快速冲过1500米的终点。洪老师带着惊喜的笑容走到我身边,跟我说:"你叫什么名字? 你长期参与体育锻炼吗? 你愿意参加课余体育训练吗? 今年代表学校参加汨罗县(现为汨罗市)运动会好吗?"他很高兴、很认真地对我说。我很腼腆地说:"老师,我从没参加过,我行吗?"他很有把握地说:"老师认为你行!"从那一刻起,我好像注射了"鸡血"一样,整天有使不完的劲。白天认真学习,早晚在洪老师的指导下认真训练。我家距离学校四公里路的样子,那时条件差,我每天早晚背着书包,乘着日出和日落的霞光奔跑于乡间小路上。十月份,我随学校代表队第一次进县城。我们住在当时的政府招待所,心里特高兴,有些像"刘姥姥进了大观园一样"左顾右盼,真像俗话说的"乡巴佬上街,脑袋看歪"。

那次运动会,恰逢雨天,我赤着脚,在炉渣跑道上参加了男子3000米跑,输给了在体校训练的对手(伏战良同学,后来又成了我的大学同学,又同在汨罗市从事体育教育和训练工作),我夺得了第二名。跑完3000米之后,由于紧随冠军,所以胸前被冠军后踢腿跑时带过来的泥水点缀成了一幅美丽的山水画。同时,自己的后踢腿跑虽然没害到季军,泥水却把自己的背、腰、臀,打得很狼藉。领队周少华老师(汨罗镇人,现在是汨罗市一中刚退二线的学校工会主席)、教练洪安涛老师,他们两位看在眼中、喜在心里,"没选错人,山里孩子就是敢吃苦、能吃苦,是一个能够顽强拼搏的好孩子,应该也是一个好体育苗子"。我记在心里,美滋滋的,脸上乐开了花。第二天参加1500米跑,前1300米一路领先,但最后200米的速度和耐力都没有体校训练的对手快,输给了对手,还是亚军,与冠军失之交臂。

当天晚上,领队教练召集我们队员开会,既总结了当天的赛事,表扬了我们,又安排了第三天的训练,我第三天还有4×100米接力。接力项目我们队夺得了第三名。这次比赛,同队的罗新政同学(后来改名罗乐),她夺得了女子100米、200米跑的两项冠军,她参加的女子4×100米接力赛,夺得了第二名,当年就被汨罗体校选拔,在体校训练,在汨罗七中读书(现在的汨罗市二中)。我在大荆参加中考,只考到了汨罗三中。不过,比赛时赛场上播放的运动员进行曲时常回响在耳畔;当时伴随雨水赤脚在炉渣跑道上拼搏的情景,历历在目;冯老师肯定和鼓励的话语回荡在心中。这些一直激励着我不断努力,不断进取。我虽不是千里马,但冯老师却是伯乐!我虽不是英才,但冯老师却有一双慧眼!

时至今日,我虽很平凡、很普通,但我帮助许多家庭的孩子学习文化、强健体魄,跨入了不同的大学。既改变了学生的命运,又改变了他们的家庭、家族;我为汨罗、岳阳,乃至湖南省的体育事业做出了自己的贡献;我为许多高校输送了优秀的学子;我为党和人民的教育、体育事业做出了贡献。这一切都源于冯老师这位伯乐,源于他的慧眼、他对人才的器重、他对我的启蒙教育和训练。

为梦想而奋斗

秋季是收获的季节。三年初中的学习,我终于收获了上普高的资格。1984年的9月1日,天还没亮,爸妈就起床在做早餐,待早餐快做好了的时候,妈妈在床边轻声叫我:"慕期,快起床,早餐做好了,吃过早餐后跟你爸去三中报到。崽,你可以上高中了! 在学校你要听老师的话,好好学习呀! 争取跳出这农门,丢掉这锄头、扁担嘞……"我们父子俩吃过早餐就清点行囊——一个从姨夫家借来的木箱、一个布书包、一个编织袋(袋子里装着破旧的棉被、大小玻璃瓶,瓶子里都是妈妈准备的辣椒、萝卜、豆角等咸菜),还有一个编织袋里面装了一个月的米。

父亲带着我挑着一担行李步行近二十里,来到黄市乡十堰坐汽车,送我到了一个从没去过的"黄土高坡"——汨罗县三中。那时食堂里是收米的,然后换成饭票,凭饭票就餐,八人一桌一大盆饭。用筷子沿着正纵轴线画一下,把矩形分成两半,然后在纵轴线上划等同的三条横线,把一大盆饭分成等同的八份(其实不可能绝对等同,端饭、分饭的同学或许是水平问题,最后往往是最少的)。我很少有钱去食堂里买菜,那时的菜叫"冬、南、海"——冬瓜、南瓜、海带。有时还有不放油的油豆腐、六湖买来的或有菖蒲虫气味的大白菜。由于没油水,所以饭就吃得特别多,四两一份的饭,一般要吃上两三份饭。记得有一次，我和罗同学在吃饭时，先后没多久都从大白菜中吃到了菖蒲虫，那恶心的气味让人呕吐。他的脾胃比我差些，吐完之后就买馒头吃去了，而我没办法，吐掉嘴里的饭，弄点水漱漱口又吃剩下的饭菜。因为"一粒粮食一滴汗"，其实难于启齿的是囊中羞涩。

在三中读高一时，我每天早起参加训练，天还没亮，一个人就悄悄地起床，从三中跑到火天的石塘，往返4公里，然后再到运动场（当时的泥巴坪，久晴时灰尘飞扬，暴雨时成了游泳池，久雨时一锅泥）进行早训。由于早上训练很疲劳，所以早餐后就有打瞌睡的不良习惯，（睡又不敢睡、学又学不进）这样周而复始，影响了上午的学习。上午没把握好课堂，晚上又开夜车去学习，结果出现一种恶性循环——睡眠耽误了，视力影响了，成绩下滑了！如果我当时能遇到像我们现在学生遇到的教练，该多好呀！（思想引领、训练传授、学习指导等）我当时的教练跟别人说，我只能给他比赛，后来那句话传到了我的耳中，我好苦恼、好伤心、好失望！（不过还是激励了我进取）我们当时几个不同年级的体育专业生都留了一级。一方面，是早训整个早晨，导致上午打不起精神，几乎整个上午没怎么学进东西，文化成绩不好；另外，当时的教练就是想让我们几个多为学校、多为他比赛一年。（而我现在恰恰相反，告诉同学们，为学校比赛固然重要，但学生的出路、前途更重要。所以，我给学生把思想工作做到位，他们就更加听话、更加努力，也就有了"比不输考不垮"的神话。真的没有半点浮夸和吹牛。）

人生中能够遇到一位好老师、好导师真的是幸事。"行要好伴、住要好邻。""孟母教子三迁。"所以就出现了不远万里拜师求学、择校求学、择师求教的局面。

我高中四年，风雨无阻，起早贪黑，天天坚持训练，功夫不负有心人，我代表学校先后参加了汨罗县运动会（田径、篮球、排球比赛）、岳阳地区的田径比赛、省里的比赛（1987年在益阳市举行的达标运动会）。

有梦想，有追求，终于实现了人生的第一目标——上大学。苦心人天不负！我于1988年考入了岳阳师范高等专科学校（现为湖南理工学院）。在校期间，我早晚参加训练，白天上课，晚上就躲在图书馆看书学习，努力提升自己的文化水平和专业理论水平。1989年下半年，代表学校参加了在贺龙体育场举行的湖南省大学生运动会。我夺得了男子800米跑的第一名、400米跑的第二名，参与的4×100米接力赛也取得了较好的成绩。当时，学校体育系系主任周铁军教授亲自赶到我家，做我父母的工作，说学校保送我去湖南师范大学再读两年，就可以由专科升为本科（1989年岳阳师专是大专文凭，湖南师范大学是本科文凭）。由于家庭经济状况不允许，所以我放弃了继续深造的机会，于1990年毕业后回到了我高中就读的母校任教。

鸣奏青春旋律　抒写运动乐章

从1990年7月至2002年，我在汨罗三中一干就是12年。在三中的12年，我和上学时候一样每天早起：出早操、带早训，白天上课、学习，晚上训练学生；晚餐后自己训练篮球、排球、单双杠等；结束完一天的训练，晚上还学习教育学、心理学、教材教法等。在三中的12个春秋，我起早摸黑、风雨无阻，无论炎炎烈日还是寒风刺骨，我从不间断训练。我在三中带学生参加汨罗县（1987年9月23日建市）三球运动会、田径比赛都取得了较好的成绩——篮球、田径都夺得过团体总分第三名。特别是带训的体育特长生，每届高考都考得好！特别是1999年的体育高考，取得了辉煌胜利。当年汨罗市体育生上一本的学生有15人，我带训的1999届体育生上本科的学生有11人，专科6人。学校推荐我出席市里的总结表彰大会，我在大会上作为优秀教师代表发言。会后，我的发言材料被教育局、各兄弟学校的校长拿去复印了。我把发言材料寄到《岳阳教育》编辑部，1999年第7期就刊登了——《谈带训体育专业生的几点体会》。

在汨罗三中从教的12年间，我真的做到了教学相长、身正为范、为人师表。那时的生活很单调,但很充实,每天早起出早操、带早训、白天上课、管理班级学生,晚上带训,晚餐后自己练习篮球、排球、单双杠等。锻炼完了就管理本班学生学习,与学生交流,自己备课,学习专业理论,总结个人的教学、训练心得。

1993年8月29日,我在三中第一次担任班主任工作,高二(84)班。1994年,个人教育教学质量评价获全市第二名。本班在年级目标管理评价中获得第一名,本人被评为汨罗市先进教师。我在三中先后送走了两届毕业班。1995届(85)班培养出了黄灿(女,现在在深圳比亚迪公司)、徐勇(男,现在在湖南交通职业技术学院教书)、何芳(女,现在在湖南科技大学教书),他们三人当年都考上了湖南师范大学。其中,徐勇、何芳都是考体育专业的,他们两人考入湖南师范大学的体育教育系。无论在当时还是现在的三中,都是很不容易的事情!

我在三中任教12年,先后带训了1993、1995、1997、1999、2001、2002届体育生,为高校输送了几十名合格体育人才。

1993届考入岳阳师专的黄文德,现在在汨罗市二中担任副校长;任德喜在汨罗镇中心小学担任校长;张飞文在汨罗范家园中学担任校长;黎龙在汨罗市公安局;吴珍(女)在岳阳市教书;庄艳(女)在范家园中学教书。我初为人师,第一次带学生参加汨罗县中小学生田径比赛,荣获市直普高团体总分第三名。1992年带学生第二次参加汨罗市中小学生田径比赛,夺得团体总分的第三名(总分接近了第二名)。吴珍同学(女)是当年唯一一位打破汨罗县纪录的学生,我目睹了升起我们三中校旗的激动场景。

1995届的李胜武当年考入岳阳师专,现在在汨罗市三中担任校长;上面提到的徐勇、何芳都是1995届毕业,同时考入湖南师范大学的;当年考入岳阳师专的郑德平,现在在汨罗市三中任教。

1997届毕业的翁艳(女,当年考入湖南师范大学体育教育学院),现在在(江西)九江学院教书,当年考入武汉体育学院的周德平,现在在广州教书,考入湖南师范大学的湛天星现在在广州教书,考入岳阳师专的荀飞明在深圳工作,考入岳阳师专的雷勇在汨罗市三中教书。

1999届考入广州体育学院的湛白龙,现在在广州市白云区交警大队任副大队长;同年考入广州体育学院的冯长富,现在在广州教书;1999届考入武汉体育学院的王波,现在在湖南工业大学大体部任部长;考入武汉体育学院的还有徐辉,现在在湖南工业大学任教,朱爱军在汨罗二中任教;1999届考入湖南师范大学的赵娜(女),现在在涉外经济学院任教;同年考入湖南师范大学的还有赵伟军、湛勇、郑佐雄,现在在长沙的大学任教;1999年黎勇军考入沈阳体育学院,现在在永州的大学任教;1999年考入湖南理工大学的有黎海荣(女,现在在上海工作)、唐海燕(女,现在在湘阴县一中任教)、邹海军(现在在深圳任职)、湛谦(现在在广州任教)、刘坤(在广州任教)、汤峰(现在在海南从事房地产行业)、戴锤炼(在深圳任教)、黄电波(在汨罗三中任教);1999年考入湖南公安专科学校的吴迪,现在在上海发展得很好,同时考入湖南省公安专科学校的湛旭辉现在在汨罗公安系统工作。(1999届是湖南省体育高考专业总分由100分改为150分制的第一届)

2001届考入上海体育学院的周静,现在在上海工作;周胜利考入沈阳体育学院,黄目欢考入成都体育学院,骆兴考入湖南师范大学;张启高考入湖南师范大学,现在在张家界市消防总队任职;徐光辉考入湖南师范大学,现在在湘阴资源中学任教;2001年,考入湖南理工大学的有卢源(女)、邓佐、唐征西、罗昭、黄孝龙、狄敏;2002年,考入上海体育学院的阳振国,现在在上海工作;刘浩考入湖南理工大学。

在三中12年的教学、训练,我先后发表或获奖的论文:

1994年在第三、四期《汨罗教育》上发表《"两级蛙跳"的训练方法初探》一文。

1997年在第四期(总第五十九期)《体育教学》上发表《怎样踏准跳远的步点》一文。

1998年在第二期《汨罗教育》上发表《浅谈对体育生的管理》一文。

1998年在第三期(总第六十二期)《体育教学》上发表《对提高

五米三向成绩的探讨》一文。

1998 年在第一、二期《岳阳教育》上发表《提高中学生身体素质的途径》一文。

1998 年在第四期《汨罗教育》上发表《提高跳远步点准确性的几条途径》一文。

1998 年在《中华教育教学文丛》第三卷上发表《对体育高考前放松与营养调配的探讨》一文。

1999 年 3 月在《中华教育教学文丛》第五卷上发表《培养最佳训练、比赛、考试心态,提高训练、比赛、考试成绩》一文。

1999 年 4 月在《中华教育教学文丛》上发表《对体育高考高分要素的探讨》一文。

1999 年在第一、二期《汨罗教育》上发表《浅谈体育教学中的心理训练》一文。

1999 年在第七期《岳阳教育》上发表《谈训练体育专业生的几点体会》一文。

1999 年在《体育教学》(增刊)上发表《女子横跳箱分腿腾跃常见错误及纠正方法》一文。

1999 年 5 月在《学校体育改革发展研究》上发表了《对提高立定三级跳远成绩的探讨》《男子纵跳分腿腾跃的常见错误及纠正办法》。

2000 年在第二期《汨罗教育》上发表《试论素质教育下中小学体育教育改革》一文。

2000 年在第五期(总第一三六期)《田径》上发表《交叉领跑法提高 800 米跑成绩》一文。

2001 年在第二、三期《汨罗教育》上发表《落实班级整体负责制,加强班级管理》一文。

2002 年在第二、三期《汨罗教育》上发表《捧一颗真心交给学子》一文。

获奖情况（校级、汨罗市级、岳阳地级、湖南省级、国家级）

获奖日期	奖励名称（荣誉称号）	授奖机关
2001.6.30	《高三学生的消极心理及调查》在湖南省心理学会普通心理研究委员会的评审中获一等奖	湖南省心理学会
2004.10	被评为岳阳市优秀田径裁判员	岳阳市教育局体育局
2004.11	被评为岳阳市优秀乒乓球裁判员	岳阳市教育局体育局
2005.9	被评为岳阳市优秀田径教练员	岳阳市教育局
2005	辅导刘朔、何雅晴、张文娟三位同学的"激光电子阵列跳远成绩自测设备"获国家二等奖	国家级
2006.1	被评为汨罗市优秀党外干部	汨罗市委宣传部
2007.5	2006年度，教育工作成绩显著，被评为汨罗市先进教师	汨罗市政府
2007	在汨罗市2007年普通高中新课改教学观摩活动中，为《体育与健康》科目教师提供了示范课	汨罗市教育局
2008.8	被评为全国"百名优秀中学体育教师"	中国教育学会体育专业委员会
2008.11.26	被评为湖南省中学生田径运动会的优秀教练员	省教育厅
2008.9.1	被聘请担任"青蓝工程"体育学科张果良、狄永利老师的指导老师	汨罗市一中
2008	在汨罗市2008年第十九届普通高中教师教学竞赛中荣获体育科二等奖	汨罗市教育局
2008.11.26	湖南省中学生田径运动会优秀教练员	省教育厅
2009.8.13	在湖南省体育传统项目学校第十一届田径比赛中被评为"优秀教练员"	湖南省体育局
2009.9	在岳阳市中学田赛中被评为优秀教练员	岳阳市教育局
2009.5	2008年度教育工作成绩显著，被评为汨罗市先进教师	汨罗市政府
2010.5	2009年度教育工作成绩显著，被评为汨罗市先进教师	汨罗市政府
2010.9	在汨罗市第六届"名师"评选中被评为学科带头人	中共汨罗市委汨罗市政府
2011.9	学校新世纪"青蓝工程"中被聘请担任傅昌照、钟琴两位老师的指导老师	汨罗市一中
2011.10.31	被评为汨罗市优秀裁判员	汨罗市教育体育局
2011.5	2011年度教育工作成绩显著，被评为汨罗市先进教师	汨罗市政府

获奖日期	奖励名称（荣誉称号）	授奖机关
2011.4	在"体育与健康"教育教学成果评选中，荣获一等奖	岳阳市教育体育局
2012.5	2011 年度教育工作成绩显著，被评为汨罗市先进教师	汨罗市政府
2013.4	在岳阳市城区课堂教学改革骨干教师示范教学活动中，所作的《体育模块教学中"分层模式"教学的研究》	岳阳市教育科学技术研究院
2013.5	2012 年度教育工作成绩显著，被评为汨罗市先进教师	汨罗市政府
2014.5	2013 年度教育工作成绩显著，被评为汨罗市先进教师	汨罗市政府
2014.9	在 2013～2014 学年度班级目标管理评价中被评为优秀班主任	汨罗市一中
2016.11.18	任职湖南省汨罗市第十届政协委员	汨罗市委员会
2017.2	在 2016 年度班级目标管理评价中被评为优秀班主任	汨罗市一中
2017.5	2016 年度教育工作成绩显著，被评为汨罗市先进教师	汨罗市政府
2018.11	在 2017～2018 学年度班级目标管理评价中，被评为优秀班主任	汨罗市一中
2018.11	荣获 2018 年岳阳市中小学生运动会田径比赛的优秀教练员	岳阳市教育体育局
2019.4	"对如何培养体育特长生的探讨"获一等奖	文渊杂志社
2019.9	在 2018～2019 学年度班级目标管理评价中被评为优秀班主任	汨罗市一中
2019.9	在 2018～2019 学年度教育教学中表现突出，被评为汨罗市一中优秀班主任	汨罗市一中

做高中体育教育的追梦人

一分耕耘　一分收获

俗话说："一分耕耘，一分收获。"由于本人与体育的缘分，在体育教育教学、训练与管理上的专心、用心，在三中 12 年取得了优异和突出的成绩，2002 年 7 月 12 日，我被调至汨罗市第一中学。当天就在"创重办"上班，整理体育资料，补写各类计划和总结。在"创重升重"的过程中，体育方面成绩卓著、贡献突出！

从 2002 年至 2019 年,我在汨罗市一中体育方面取得的成绩:

一、为各高校输送了不少优秀的体育人才

1. 为北京体育大学输送了五位高材生:2004 届的王雄、蒋波;2007 届的黄浪(女);2016 届的杨欣源(女);2019 届的杨明霞(女)。

2. 为湖南师范大学输送:2004 届的曾柯、郑标、彭达文;2007 届的谢玉(女)、吴斌(女)、何凯、易准;2010 届的钟洋、符娜;2013 届的余其才、翁博宣、郭少峰;2016 届的曹雨柔、傅新宇;2019 届的周帼范(女)、王梓润等。

3. 为武汉体育学院(2004 届刘畅、2010 届余明、2016 届黎新宇)、首都体院(卓浪)、广州体院、上海体院、成都体院、西安体院(2019 届的杨美林、曾婧)、湖南理工大学(2019 届的杨子健)、湖南农业大学(2019 届的胡俊、何尚宇、吴恬、任帆)、湖南工业大学(2019 届的陈加兵、禹晴)、湖南人文学院(王甜)等高校输送了近百名体育高才生。

二、教育教学质量在全市稳居先进或优秀行列

2003、2004、2006、2007、2009、2010、2011、2012、2013、2015、2016、2018 年教育教学质量都是全市第一,被评为市级先进教师或优秀教师。

三、担任汨罗市一中校田径代表队的主教练

2003 年,我带校田径代表队参加汨罗市中小学生田径比赛,以团体总分 155 分,超第二名 74 分的绝对优势夺得团体总分第一名的好成绩。(参赛队员:曾柯跳高第一、三级跳远第二,蒋波的 100 米、200 米跑两个第一,徐浩的 400 米、800 米跑两个第一,王雄 110 米跨栏第一,谢宇的跳远、三级跳远两个第一,李鸿鹄的跳远、三级跳远两个第一。韩果的女子 200 米、400 米两个第二,戴兵的跳高、跳远两个第三,仇晶的女子 800 米第一、200 米第三,许杏的女子 100 米第二,徐宁的 1500 米第二、5000 米第一,唐欢的女子 1500 米、3000 米两个第二)

2004 年,我带校田径代表队在市一中参加汨罗市第三十三届中小学生田径比赛,以 19 金 10 银 2 铜,团体总分 332 分(领先第二名

137 分的大比分)夺得第一名。

2004 年,我带校田径代表队参加岳阳市"人寿杯"中学田径赛,以总分 107 分的成绩夺得甲组第四名。

2004 年暑假,我带校田径代表队在郴州市五中参加湖南省田径传统项目比赛,蒋波同学的 100 米跑夺得第六名。

2005 年 7 月,我带校田径代表队在岳阳市八中参加湖南省田径传统项目比赛,杨琼同学夺得女子铁饼第五名。

2005 年 9 月 18 日—22 日,我带校田径代表队在临湘二中参加岳阳市中学田径赛,以团体 142 分的优异成绩夺得甲组第二名。(郑茂男子200 米、100 米分别夺得一金一银,刘政男子 100 米跑第三,周莉女子三级跳远第一、跳远第二,胡晶女子跳远第三、三级跳远第四,刘张女子 100 米、200 米两个第二,尹春的铅球和铁饼分获第二和第四,杨琼女子铅球第二、铁饼第四,蒋柳英女子 800 米第四、1500 米第二,甘德成 800 米第六、1500 米第四)

2005 年,我带校田径代表队参加汨罗市第三十四届"人寿杯"中小学生田径比赛,以团体总分 257 分(领先第二名 80 多分)夺得第一名,破两项汨罗市田径纪录,达五项国家二级,夺得十九项第一名。

2006 年,我带校田径代表队参加汨罗市第三十六届中小学生田径比赛,以团体 257 分(领先第二名 70 多分)的优异成绩夺得第一名。(队员有刘张、胡晶、刘素、周聪、杨浪、杨乐、尹春、单洵、杨琼、张东坡、姜浩、陈博)

2007 年 7 月 15 日—7 月 21 日,我带杨琼、姜浩两位同学参加了在益阳箴言中学举行的湖南省第十届省田径传统校际比赛。我被评为湖南省优秀田径教练员。

2007 年 10 月 26 日—28 日,我带校田径代表队参加了在华容怀乡中学举行的岳阳市中学田径比赛。以团体 145 分夺得第二名。(姜浩 100 米、200 米两项第一,杨奎 400 米第一,男子 4×100 米、4×400米两项第一,杨琼女子铁饼第一)

2007 年,我带校田径代表队参加汨罗市第三十七届中小学田径比赛,以团体总分327分(领先第二名142分)夺得第一名。姜浩同学的男子100米、200米,陈博的400米跨栏,杨奎的400跨栏、男子4×100米接力,五项都打破汨罗市田径纪录。八项达国家二级标准。

2008年,我带校田径代表队以东道主的身份参加在汨罗一中举行的岳阳市中学田径赛,以团体总分145分的优异成绩夺得第一名。

2008年10月28日—11月3日,我被岳阳市教育体育局选派担任岳阳市代表队的教练员,参加在湖南师范大学附中举行的湖南省中学生田径运动会,我被评为湖南省优秀田径教练员。汨罗一中的郑茂同学200米跑21'39,打破21"69的省中学生田径纪录,达国家一级运动员标准,夺得第一名。他的100米跑10"73,夺得第一名,他参加的男子4×100米接力,夺得第四名,4×400米接力夺得第三名。王凯同学参加的男子4×100米接力,夺得第四名,4×400米接力夺得第三名。

2009年4月1日—3日,我带校田径代表队队员郑茂、王凯在长沙县一中参加全省选拔赛,郑茂被选上。

2009年4月10日—11日,我带校田径代表队11名运动员在临湘二中参加岳阳市的选拔赛,我校11名队员夺得8金8银4铜两个第四名。(王凯2个1、肖莹1个1、刘文质1个1、张志成1个1、周婷2个1、胡稳1个1)。

2009年7月20日—25日,我带校田径代表队(曾德胜、夏冬、胡稳、何雨婷、王凯)在宁乡县一中参加湖南省青少年田径锦标赛。

2009年8月9日—14日,我带校田径代表队在张家界市桑植县一中参加湖南省田径传统项目学校第十一届田径运动会。何雨婷同学以2'17"03的优异成绩夺得女子800米跑第二名,1500米4'54"7夺得第六名;王凯同学以22"75的成绩夺得男子200米跑的第五名;龚博同学以10.72米的成绩夺得男子7.26公斤铅球第七名,以29.75米夺得2公斤铁饼第六名。

2009年10月29日—11月1日,我带校田径代表队以东道主的身份,参加汨罗市第三十八届中小学田径比赛,我们以团体254分(领先第二名123分),夺得团体总分第一名。刷新三项汨罗市纪录,达九项国家二级运动员标准,夺得 15 金、6 银、3 铜。(何雨婷同学破女子 400 米市纪录、刘文质破男子跳远市纪录、张志成破 400 米跨栏纪录。)

2010 年 12 月岳阳市抽调我担任教练员,带学生在株洲市南方中学参加湖南省青少年田径锦标赛。我校何雨婷同学夺得女子 800 米的铜牌。

2012 年,我带校田径代表队参加汨罗市第四十一届中小学生田径比赛,荣获团体总分第一名。

2015 年,我带校田径代表队参加汨罗市第四十四届中小学生田径比赛,荣获团体总分第二名。

2018 年,我带校田径代表队参加汨罗市第四十七届中小学生田径比赛,荣获团体总分第一名。

2018 年 11 月 22 日—25 日,我带校田径代表队参加在岳阳市八中举行的岳阳市中学田径赛,我们以团体 130 分夺得团体总分第二名。共夺得四个第一名、七个第二名、五个第三名的好成绩。打破四项汨罗市田径纪录:男子跳高 1.83 米(高三 < 543 > 班王梓润破 1.80 米汨罗市纪录);女子 4 × 100 米接力,女子 4 × 400 米接力(高三 < 530 > 班周帼范,高三 < 535 > 班湛柔、高三 < 546 > 班杨明霞,高一 < 587 > 班周紫怡);男子 4 × 400 米接力(高三陈加兵、胡俊,高二巢佳伟、周臻宇)。

2018 年 11 月 2 日—4 日,我带校田径代表队参加汨罗市第四十七届中小学生田径比赛,一中代表队在本次运动会上,精诚合作、克服困难、顽强拼搏,以团体 319 分(领先第二名 32 分)的优异成绩获得第一名。共打破四项汨罗市纪录,十一项达国家二级运动标准,夺得十四项第一,七项第二的好成绩。感谢学校领导的高度重视,全体教师的关心,全体运动员的通力协作!

男子 4 × 100 米接力,以 42″94 的优异成绩,打破了沉睡十年的市纪录(2008 年创造的 43′3)夺得第二名。女子 4 × 100 米接力,以 50″85 的优异成绩,打破了沉睡十年的市纪录(2008 年创造的 51″1)夺得第一名的好成绩。

高三(543)班陈加兵同学在第十三届省运动会上夺得男子三级跳远第

三、跳远第四。他在本届市运会上,以 14.78 米的优异成绩,夺得男子三级跳远第一名,并达到国家二级运动员的标准(13.50 米),打破 14.73 米的汨罗市中学生田径纪录;他以 7.18 米的成绩夺得跳远的第一名,并达到国家二级运动员标准(6.50 米),打破汨罗市 6.78 米的田径纪录。他参与的男子 4×100 米接力夺得第二名。

汨罗市一中田径代表队英姿勃发、活力四射。汨罗市一中坚持"铸师魂,育人才,兴名校"的办学目标,全面加强管理,全面加强研究、全面服务师生、全面提升质量,科学管理,锐意创新,挖掘并发展每个学生的特长。学校办学成绩突出,本科升学率、600 分以上人数、综合评价均居岳阳市农村示范性普通高中前列。

汨罗一中是湖南省田径传统项目学校。学生体育竞赛成绩斐然。近几年,先后有郑茂、王凯、何雨婷、钟佩丰、陈加兵等优秀运动员在省运动会上摘金夺银,特别是钟佩丰同学在青奥会上取得了优异的成绩。一中的田径队中蒋波、王雄(2004 届)、黄浪(2007 届)、杨欣源(2016 届)、杨明霞(2019 届)等同学考上了北京体育大学(六颗星重点,名牌大学),为高校输送了许多优秀的学子。汨罗一中女子足球队代表岳阳市参加湖南省第十三届运动会获得季军,夺得汨罗市金牌;陈加兵同学代表岳阳市参加湖南省第十三届省全运会,夺得男子三级跳远铜牌。汨罗一中田径代表队向着"更高、更快、更强"的目标奋进。

四、担任班主任工作任劳任怨,成绩优异

2011～2019 年,每年都被评为学校优秀班主任。

五、发表或获奖论文

发表日期	发表的刊物名称、奖励名称(荣誉称号)	刊物级别授奖机关
2005	在《汨罗教育》第一期发表《宝剑锋从磨砺出,梅花香自苦寒来》	汨罗市教育局
2005	在《汨罗教育》第二、三期发表《浅谈提高"双手前掷实心球"成绩的方法》	汨罗市教育局

发表 日期	发表的刊物名称、 奖励名称(荣誉称号)	刊物级别 授奖机关
2005	在《田径》杂志上发表《对我校男子体育专业生 采取"交叉领跑法"提高800米成绩的实验研究》	首都体育学院 中国体育科学学会 学校体育分会
2005.12	《对我校男子体育专业生采取"交叉领 跑法"提高800米成绩的实验研究》荣获 湖南省2005年优秀论文(案例)一等奖	湖南省教育学会 省基础教育研究所
2006.2	在《今日中国教研》上发表《"体育与健康" 课堂教学创新的研究》	省级
2006	在《中国教研科学》第三、四期发表《体育锻炼与身心发展》	省级
2006	在《汨罗教育》第二、三期发表《论教练员的自身修养》	汨罗市教育局
2006	在《体育教学》第二期发表《双人徒手操十八法》	首都体育学院 中国体育科学学会 学校体育分会
2006	在《体育教学》第三期发表 《激发学生耐久跑兴趣的教学训练法》	首都体育学院 中国体育科学学会 学校体育分会
2006	在《体育教学》第四期发表《"跳起外侧 坐——越两杠挺身下"常见问题及解决办法》	首都体育学院 中国体育科学学会 学校体育分会
2006	在《田径》杂志第七期发表《脱离运动场地 跑道的短跑训练法》	中国报业总社 中国田径协会主办
2006	在《中小学生素质教育》第七、八期发表《体 育教师的自我保健法》	岳阳市教育局
2006.4	辅导学生的《电子监控式接力棒》作品获 第二十七届湖南省青少年科技创新大赛的一等奖	省教育厅
2007.12	《对(体育与健康)新课改的研究》一文, 获湖南省2007年教育教学科研论文三等奖	省基础教育研究所

发表日期	发表的刊物名称、奖励名称(荣誉称号)	刊物级别授奖机关
2007	在《中国教研交流》第二期发表《落水及运动损伤的急救处理方法》	省级
2007	在《中国教研交流》第二期发表《浅谈"家访"在带训体育专业生中的地位和作用》	省级
2007	在《中国教研交流》第四期发表《巧用接力棒培养七种意识》	省级
2007	在汨罗市2007年普通高中新课改教学观摩活动中，为《体育与健康》科目教师提供了示范课	汨罗市教育局
2007	在汨罗市一中《教育园地》发表《对"体育与健康"新课改的研究》	汨罗市一中
2008	在汨罗市2008年第十九届普通高中教师教学竞赛中荣获体育科二等奖	汨罗市教育局
2008.6	《对如何减肥的研究》一文在2008年岳阳市中学教师继续教育论文中获一等奖	岳阳市教育局
2008	在《汨罗教育》第一期发表《编排体育课程表的探讨》	汨罗市教育局
2008	在《中国教研》第三期发表《浅论逆序运动在体育教学与训练中的妙用》	省级
2008	在《中国教研交流》第三期发表《渐进"训练法在中长跑中的运用"》	省级
2008	在《中国教研交流》第四期发表《摆臂中常见错误及纠正方法》	省级
2008	在《中国教研交流》第四期发表《发展弹跳力的方法》	省级
2008.6	《对如何减肥的研究》一文在2008年岳阳市中小教师继续教育中心评审中获一等奖	岳阳市教育局

第一辑　圆梦做一个体育文化人

发表日期	发表的刊物名称、奖励名称(荣誉称号)	刊物级别授奖机关
2009	在《田径》杂志第十一期发表《4×100米接力赛中常见的错误、产生原因及纠正方法》	中国报业总社中国田径协会主办
2009	在《汨罗教育》第一期发表《优秀体育教师的素质》	汨罗市教育局
2009	在《汨罗教育》第二期发表《体育教师的自我保健法》	汨罗市教育局
2010	《分层教学激发自主学习的兴趣》一文,在湖南省中学教师继续教育研究会2010年度论文评审中荣获省三等奖	省继续教育指导中心
2010.12	人民教育出版社人教网《搏击操的课时设计》在"人教网"体育与健康栏目发表	人教网
2011.9	在《教师》杂志发表《高中体育分层教学模式的实施》	省级
2011	在《中小学生素质教育》第十一期发表《创建良好班风的举措》	岳阳市教育局
2011.4	在岳阳市中小学继续教育专家指导委员会组织的"体育与健康"教育教学成果评选中,荣获一等奖。	岳阳市中小学教师继续教育指导委员会
2012	在《中小学生素质教育》第四期发表《好习惯使人终身受益》	岳阳市教育局
2013.4	《体育模块教学中"分层模式"教学的研究》	岳阳市教育科学技术研究院
2013	在《中小学生素质教育》第七、八期发表《抓班风建设促班级整体提升》	岳阳市教育局
2014.11	在汨罗市一中《教研园地》发表《如何选拔培养高一年级班团干部》	汨罗市一中
2014	在《中小学生素质教育》上发表《优秀班主任的六心》	岳阳市教育局
2016.12	《实施班级整体负责制,促进班级整体提升》一文,参加湖南省2016年教育教学科学论文评选,荣获省三等奖	湖南省教育学会
2019.4	《对如何培养体育特长生的探讨》	文渊杂志社

做高中体育教育的追梦人

第二辑　以体益智、以体健美

准备和整理活动在体育教学、训练中的意义

俗话说"人马未动、粮草先行""成家立业""预则立、不预则废"。这些都告诉我们，做任何事之前要先做好充分的准备。

做好充分的准备活动，对于体育教学、训练来说是非常重要的。有不少人认为，体育锻炼本身就是身体的运动，做不做准备活动意义不大。其实不然，准备活动的作用不亚于锻炼取得的效果。人体的运动器官容易受大脑神经的调控，但人体的内脏器官存在惰性，必须先慢跑或活动关节、压腿、拉韧带，让身体慢慢预热，充分调动内脏器官的工作积极性，使内脏器官和运动器官相适应、相匹配。人体在剧烈运动过程中，身体的肌肉、各器官系统都要参加活动。要使人体适应剧烈运动，就必须做好准备活动，防止运动带来的伤害。

人体在剧烈运动过程中，身体的各个器官系统、肌肉都会参与运动，特别是肌肉在进行无氧呼吸之后，大量乳酸堆积，肌肉不仅很紧，而且很胀痛，所以要进行慢跑、拉韧带、拍打抖动、按摩、热敷等积极性的放松，决不能消极懈怠，马上去坐或躺（损伤严重时会出现运动性休克）。肌肉进行剧烈运动后，要使人体逐渐进入安静状态，就必须做好整理活动。

准备活动的意义：

(1)准备活动遵循人体运动生理规律。它是在参加体育活动前,使身体由相对静止状态过渡到相对运动状态的适应性过程。否则,运动的兴奋性不够、运动成绩会大打折扣,还会造成身体的多种损伤。准备活动还能提高肌体对突然变化的内外环境的适应性。否则,突然加大运动量,会使神经系统来不及传递兴奋,造成内脏和运动器官功能的不协调,而发生心慌、腹痛和呼吸困难等不良反应。

(2)从运动生理意义上讲。准备活动提高人体体温,消除肌肉、韧带的黏滞性,使肌肉柔顺,韧带伸展性加强,关节活动幅度加大,易于运动时的伸展和收缩,也使运动时的协调性明显提高。另外,准备活动不仅使人体运动系统进入工作状态,还能使内脏系统和神经系统也进入工作状态,更好地运动,进而提升运动水平。

(3)适当的准备活动,可以提高内脏器官的机能,推迟极点的到来,减轻极点的影响。内脏器官的生理机能特点之一是生理惰性较大。当运动开始,肌肉发生最大功能时,内脏器官并不能立即进入最佳的状态。运动前,进行适当的准备活动,可以让内脏器官的功能逐渐达到运动时的状态水平,也可以减轻由于内脏器官不适应带来的不舒服感。

(4)准备活动可以使心跳、呼吸加快,呼吸加深,肺活量增强,使中枢神经系统逐渐兴奋,使各器官系统逐渐协调工作,做好参加运动时的必要准备。

(5)调节心理状态。体育锻炼不仅是身体锻炼,也是心理活动。心理活动在体育锻炼中的作用非常重要。体育锻炼前的准备活动,可以调节心理,沟通各运动中枢的神经联系,使心理状态处于最佳状态,投身于调节心理状态。体育锻炼不仅是身体活动,而且也是心理活动。现在越来越多的研究认为,心理活动在体育锻炼中起着非常重要的作用。体育锻炼前的准备活动,即可以起到这种心理调节作用,连通各运动中枢间的神经联系,使大脑皮层处在最佳的兴奋状态,从而投身于体育锻炼之中。

对提高5米三向折回跑成绩的探讨

5米三向折回跑是体育高考中的素质项目之一,男子满分7"5,女子满分8"1,满分标准较高。其特点是距离短、速度快、步点准、转体快、易犯规。主要检测考生的急停、快起动和变向的能力。

笔者从多年的带训中摸索出如下体会:

一、考试项目设置的要求

5米三向折回跑是沿三条各长5米的线段完成三向往返跑。测试规定采用站立式,从起点开始起跑,先沿右线段跑至顶端,用脚踏标线后返回起点。然后,再用同样的方法往返跑完中间线段和左线段,跑回起点完成全程。

二、5米三向折回跑的三种跑法

1. "四·三步"跑法。这种跑法适应于身材高大、步幅大、腿部力量强的考生,能弥补频率偏低的不足。采用左脚在前,右脚在后的站立姿势起跑。具体跑法见图2-1。

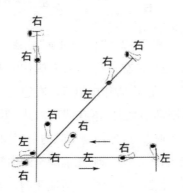

图2-1 "四·三步"跑法

右线段去时,右 - 左 - 右 - 左,右脚是中枢脚。返回时,左 - 右 - 左,右脚是中枢脚。中间线段和左线段跑法都是左 - 右 - 左,左脚跑出第一步,右脚作中枢脚,左脚踩端线。右线段往回跑时,作中枢脚的右脚停在右线段与中间线段的角平分线上,中间线段返回时,作中枢脚的右脚,停在中间线段与左线段的角平分线上,脚尖方向朝左线段前进方向。这样有利于进行中间线段和左线段跑进时的起动及保证较大步幅。

2.“四·四步”跑法。这种跑法适应于身材较高、步幅较小、步频较快的考生,能弥补步幅较小的不足。采用右脚在前,左脚在后的站立姿势起跑。具体跑法见图 2 - 2。

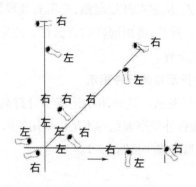

图 2 - 2 “四·四步”跑法

三线段去时都是左 - 右 - 左 - 右,左脚作中枢脚。返回时,三线段都是右 - 左 - 右 - 左,右脚作中枢脚。右边线及中间线段、左边线段跑进时,中枢脚制动落地时,落在线的右边,返回时,落在线的左边,接近与返回线段垂直,这样停制动时的中枢脚,便于制动稳、交叉步的快起动。落地触标志线的脚,用前脚掌的内侧着地。

3.“五·四步”跑法。这种跑法适应于身材矮小、步幅较小,但步频轻快的考生,大多数女生使用这种方法。这种跑法采用左脚在前,右脚在后的站立姿势起跑。具体跑法见图 2 - 3。

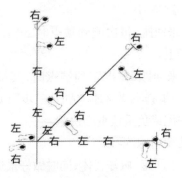

图 2-3 "五·四步"跑法

右线段前进时,跑法是右-左-右-左-右,左脚作中枢脚,返回时,右-左-右-左,右脚作中枢脚。中间线段和左线段跑进时,左-右-左-右,左脚作中枢脚,返回时,右-左-右-左,右脚作中枢脚。

这三种跑法,全程要在各折回点完成急停、快起变向动作,为减小急停时的惯性矩,有利于急停后的快速起动,在保持较低身体重心跑进时,要注意保持尽可能的步幅,特别是"四·三步"跑法,来增大重力矩,使股四头肌的工作负荷增加。为准确踏线,既不造成犯规,又不增加跑的距离,步幅要稳定,形成动力定型,以确定的步数完成各跑段。

在即将到达各折回点,迈出最后一步踏线做急停动作时,前迈腿在髋关节处往内旋转,使足尖向内侧转,并以足掌内侧作制动性着地,但身体重心应尽可能地保留在支撑腿上。"四·三步"跑时,踏标志线腿前脚掌内侧着地(接近)虚点地面,在落地前,先改变脚的方向,支撑脚脚尖朝起点方向,落地的同时,屈膝降低重心,准备快起动有力蹬地。

三、训练方法

①两脚开立的转髋练习。

②弓箭步摆臂的顶膝练习。

③左或右侧身交叉快跑。

④站立式起跑练习。

⑤5 米距离来回跑,每次跑到顶点时,最后一步脚不着地,体会重心落在中枢脚上。

⑥5 米距离来回跑,每次跑到端点时,其倒数第二步就开始作180°转体,最后一步脚不要落地("四·三步"跑法的练习)。

⑦低重心快跑或负重低重心快跑。

⑧各种快速变向跑练习。

⑨5 米距离来回跑,做好转体,同时做好最后一步的点地动作。

⑩折回跑场地上的完整动作练习。

四、应考技巧

1. 准备一双合适的胶鞋,一般选用排球鞋。

2. 考前闭目冥想,想象折回跑动作的全过程,熟悉正确的技术动作要领。

3. 考试时做到低重心、快频率、准步点、早转体等动作。

4. 沉着、冷静、不急躁,充满胜利信心,不犯规。

总之,灵活地改变运动方向、急停快起动的反应和运动能力是获得最佳成绩的条件。考生只有在力量水平、速度素质(反应素质与动作速度)提高的基础上,灵敏素质才能随之提高。有效地提高人体改变体位、转换动作、随机应变等与灵敏素质有关的各种能力。熟悉地掌握 5 米距离来回路的跑进路线、跑进方向、动作技能,是提高成绩的关键。

提高中学生身体素质的有效途径

中学生的身体素质参差不齐,有的先天性身材矮小,或某方面存在缺陷,给教学带来诸多不便。在举国上下全面推行素质教育的今天,体育教学是素质教育的一个非常重要的方面,全面提高中学生的身体素质势在必行。笔者从多年的体育教学与训练中摸索到如下九

个方面:

1. 开学初,在上体育理论课时,分年级逐班给学生详细介绍《国家体质健康标准》,并向学生提出每学期、每学年的目标、任务、要求。同时将身体素质练习作为课余作业布置给学生,每天自觉完成。如男生引体向上,初中 6~13 次,高中 10~16 次;女生仰卧起坐,初中 28~46 次,高中 26~40 次。另外,还有立卧撑每天做 4 次 1 分钟;立定跳远做 10 次;纵跳摸高 10~15 次;短距离跑或短距离往返跑 50 米 4 次或 25 米往返 4 次;下蹲 20 次(2 组)等。

2. 利用开学时的体育课,对每一个学生进行身体素质检测,针对测试情况,分别制订好练习计划,因人而异,区别对待。

3. 将身体素质练习作为课课练内容,安排到每堂体育课,穿插在游戏、小竞赛中进行。

4. 按开学摸测的成绩,将每班学生分成不同的组别,如"升级组""降级组"。这样,既能激发"降级组"学生积极性、进取心,又能鼓励、提高"升级组"学生再接再厉。

5. 要求学生把开学初布置下来的体育课余作业作为调节紧张大脑、愉悦身心的"课间操",持之以恒地进行练习。特别是寒冬季节,把它作为"暖身"的"电炉、暖宝宝"。如两个人一组在课桌上扳手腕比赛;两人一组的手掌对推,单人借助课桌或椅子的俯卧撑;过道上的立定跳远、单脚屈伸、双脚下蹲、两人的"撞油"等。

6. 采用"承包责任制"——优生、后进生搭配,将后进生分配给优生,要求优生帮助辅导后进生提高。(其实,有时他们之间也可以相互帮助或辅导,你帮我辅导督促体育素质的提升,我帮你辅导督促文化学习)同时,也培养了同学之间互帮互助的精神。

7. 教师在体育课中,任意抽选学生进行身体素质项目的检查或表演,把它作为平时成绩,也督促了学生。

8. 充分利用课外活动、课余时间进行素质项目的竞赛,跟运动会成绩一样计分奖到班级,并算到个人体育成绩总分中。

9. 利用体育课,向学生进行体育理论知识提问;利用宣传窗进行体育理论、竞赛规则、卫生知识、国内外体育明星的宣传等,提高学生的理论水平,以便用理论指导实践。

对体育高考前放松与营养调配的探讨

体育高考一年一次,它的成败,直接关系到体育专业生能否升学。笔者通过多年带训体育专业生,探索总结出如下放松与营养调配方法。

一、运动后科学的医学恢复手段

1. 按摩,又称恢复或放松按摩,是大强度训练后(或比赛后)必不可少的内容。可采用以下几种方法按摩:

(1)自我按摩:包括背部在内,自己按摩、自我放松。①上体前倾,用双手敲打胸大肌、腹部肌肉、股四头肌(各 5~10 次);②重心移到一条腿,另一条腿的脚尖虚点地面,用虚点地面的同侧手抖动或拍击臀大肌、肱二头肌,两腿交替进行(各 10~20 次);③一腿支撑,另一腿稍上提,用手搓或揉捏腓肠肌 10 次;④身体直立或稍许后仰,用双手握拳轻轻拍击腰背 10 次;⑤轻松自然、心情舒畅地抖动手脚跳(5~10 次);⑥闭上双眼,两臂上举,深吸一口气(运用意念法、念动法、想象法),然后像一条蛇一样慢慢摇动身体,像泄气的球一样,身体软下来(做 3~5 次)。

(2)互相按摩。两人一组、相互按摩,可采用以下手法:①推法,四指并拢,拇指分开,全手接触皮肤,沿着淋巴流动的方向向前推动。轻推多用于按摩的开始和结束时。但在按摩过程中,一种手法换另一种手法时,也常插入几次轻推。重推常用于按摩中间,多与揉捏、按压交替使用。(10~20 次)②擦法,用拇指或四指指腹、大鱼际、小鱼际、掌根贴在皮肤上,做来回直线形的摩动。应用于四肢、腰背、韧带及肌腱处,可在按摩开始或结束时使用,也可用作交替时的擦法。(10~20 次)③揉法,用拇指或四指指腹、掌、掌根、大鱼际及小鱼际紧贴于皮肤上,做圆形或螺旋形的揉动。多用于关节、肌腱和腰背部。(10～20 次)④揉捏法,四指并拢,拇指分开,手成钳形。多用于大块肌肉、肌群和肌肉肥厚的部位。比如小腿、大腿和臀部等。(5～10 次)⑤搓法,用双手掌挟住被按摩的肢体,相对用力、方向相反,做来回快速地搓动,用于四肢和肩膝关节处,常在每次按摩的后阶段使用。(5～10 次)⑥按法,用一手或双手的手掌和掌根按压被按摩的部位,停留一段时间,用力由轻到重,再由重到轻。用于腰背部、肩部及四肢肌肉僵硬或绷紧时,也用于腕关节。(10～15 次)⑦拍击法,用手掌或手的尺侧面等拍击体表,称拍击类手法,用于肩、背、腰、臀、四肢等大块肌肉肥厚部位。(20～30 次)⑧抖动,用双手握住肢体的末端,微微用力做连续小幅度的上下快速抖动肢体。用手轻轻抓住肌肉,进行短时间的快速振动肌肉,运用于肌肉肥厚的部位和四肢关节,经常与搓法配合使用,是一种按摩的结束手法。(5～10 次)⑨运拉,按摩者一手握住关节远端肢体,另一手握住关节的近端肢体,根据不同关节远端肢体,另一手握住关节的近端肢体,根据不同关节的活动范围做被动的屈、伸、内收、外展、旋内、旋外和环转运动,运用于肩关节、肘关节、髋关节、腕关节、膝关节、踝关节处的运拉。(5～10 次)注意:在按摩时,被按摩者同时要用意念想象放松的方法,想着自己放松部位的肌肉很松弛,像海绵一样,软绵绵的,且心情愉快、舒畅。还可用上一些辅助药物——按摩油、按摩乳及按摩药酒等(如万应镇痛膏、正红花油、药酒、活络油、黄道溢等)。这些药物有促进血液循环、增进按摩效果、加快废物排泄的功能。

2. 水疗。①热水淋浴:它不仅有水的加热作用,还有水的机械作用。(5～15 分钟不等)②盆浴、浸浴:这种方法简单,全身放松效果好。(5～10 分钟)

3. 理疗(有条件的学校可用)。①红外线:红外线对损伤的腰背部和下肢有较好的恢复作用。②热、电、磁治疗:它对于局部肌肉疲劳和深层肌肉疲劳的消除有很显著的疗效。③负氧离子:适宜于训练后进行恢复。

4. 针治:对疲劳的肌肉进行穴位针灸治疗,疗效显著,全身疲劳可针刺强壮穴、足三里,睡眠不佳加贴神门穴,食欲不佳加贴胰胆穴。

二、有关运动后恢复的药物措施

药物措施是利用药物制剂来加速身体恢复和促进肌体工作能力提高的方法。作为一种有效的恢复方法,在运动医学临床实践中被广泛应用。常用的中西药物制剂有以下几种:

1. 人参。能提高心脏的收缩力,对神经系统有兴奋作用,有降低血糖、促进雄性激素分泌的作用。人参制剂可适用于大的体力活动、精神负荷、低血压综合征和过度疲劳等。用法:煎服或开水泡服,一天三次。

2. 三磷酸腺苷(ATP):对骨骼肌的机能及心肌的收缩活动具有巨大意义。在 ATP 的作用下,冠状血液循环和脑血液循环加强。用法用量:每日三次,每次 2~6 片。

3. 刺五加:作用与人参类似,具有强壮全身的作用。可用作大负荷、过度疲劳、中枢神经系统机能紊乱、低血压等情况下的滋补和恢复剂。在大强度训练期内都可服用。

4. 鹿茸:可作为滋补强壮和刺激剂,用于过度疲劳、神经衰弱、全身虚弱、心肌无力、低血压(心脏功能不全或腹泻时禁用)。

5. 五味子:具有全身滋补作用和刺激特性,在体力和脑力疲劳时能提高工作能力、减轻疲劳,适用于身体和神经负荷过大、缺氧、过度疲劳和过度训练(高血压者禁用)。用法与用量:每日早晚各一次,每次 3~6 片。

6. 力补可心:直接参与糖的代谢,能活化焦葡萄酸,从而保证呼吸的正常过程,适应于急慢性心脏过度的紧张、肝脏综合征、心率紊乱。

7. 谷氨酸:参加代谢反应和心脏细胞内的氧化过程,能提高肌体对缺氧的抵抗力,改善心脏的活力,对负荷后的恢复具有良好作用。

8. 甘油磷酸钙:用于大强度负荷和过度训练时。

使用上述药物时,要在医务监督指导下合理使用,不能乱用,更不能滥用。

三、赛前营养调配

人体所必须的营养物质——糖类、脂类、蛋白质、水、无机盐、矿物质、维生素、核酸、激素等,占体重百分比为糖类 1%~2%,脂类 10%~15%,蛋白质 15%~18%,水 55%~67%。人体所必须的营养物质不是吃得越多越好,也不是吃得越营养就越好,这里面有很多学问和讲究。

1. 糖类:主要的能量物质,是人体从事体育活动的物质基础。体内糖类物质的多少直接影响着人的运动能力,特别是 400 米、800 米跑及初级水平的运动员,赛前服糖效果明显。体内糖储备有血糖、肌糖元、肝糖元三种形式。生理学研究表明,服糖后 15~20 分钟糖进入血液,使血糖浓度升高;30~60 分钟,胰岛素分泌加强,血糖含量下降;90~120 分钟服入的糖进入肌肉,形成肌糖元,使肌糖元的含量增加。

实验、经验告诉我们,人的心理作用往往可以使人体能超常发挥,服糖后便产生高度兴奋,从心理上自我感觉体能有了提高,对比赛充满信心,神经系统兴奋性提高,肌肉的灵活性得到增强,肌力增加,动作幅度增大,所以,运动成绩有一定的提高。简单介绍一种"糖元超量恢复"方法,即在赛前一周让运动员从事大负荷的训练,同时取消食谱中的糖类食物(如米、面食品以及各种糖类食品),这些被脂肪及蛋白类食物所取代,还应让运动员多吃含纤维素多的食品(如黄瓜、青菜、菠菜)等。在这种营养条件下坚持三天的训练,结果使肌体中的糖元储备几乎耗尽,随后运动员转为以糖类为主的食谱,同时补充足够的维生素(B_1、B_2、B_3)参加糖代谢。

2. 脂类:油和脂的总称,即常说的油脂。作为能源物质参与能量代谢,脂肪的生理功能:供给人体热量、储存能量。脂肪在各种营养素中产生的热量最高,人体所需热能的 20%~25% 由脂肪供给,并且构成人体组织。

3. 蛋白质：人体最重要的营养素，人体的细胞、组织等的主要成分是蛋白质。人体所需的蛋白质，不能由其他营养素代替，必须维持供给，蛋白质长期供给不足，可能导致体重减轻、贫血、疲劳。含蛋白质较高的食物有奶、蛋、肉、鱼和豆类及其制品。蛋白质对投掷训练铅球、铁饼、标枪等，很有益处。在进行训练时，身体主要进行的是力量练习，消耗的主要是蛋白质。同时，肌肉力量的增加、肌纤维的增粗，也靠体内蛋白质的合成。

4. 水：组成细胞的成分，参与人体各种生理功能，消化、吸收和运送，调节体温。运动员及普通人在感到口渴前就应及时补充水分，如果损失的水分不能得到及时补充，很快就会对运动水平产生负面影响，并且负反馈反应更快。

5. 无机盐：又称矿物质，人体需要的无机盐有 20 多种。

6. 维生素：维持生命不可缺少的一类营养素。维生素 B 和维生素 C 能增强人体的运动能力。人体能量代谢过程中的一个重要环节叫"三羧酸循环"，它需要天然能量剂辅酶 A 的推动，维生素 B_1 正是形成辅酶 A 的重要因子，运动前补充足够的维生素 B_1，体内各器官就能获得充足的能量，肌肉活动就更加强有力。维生素 C 能促进类固醇激素的合成与释放，促进肾上腺素的合成，从而能增强人体的应激反应。

在进行跳跃等较剧烈的运动时，肌体主要靠糖的无氧代谢功能，体内的乳酸增多，乳酸在体内的积累会造成肌体的疲劳，并使恢复时间延长。所以，在进行剧烈运动时，应多补充一些碱性食物，如蔬菜、水果等。在进行长跑等运动时，肌体还进行糖类物质的有氧代谢，主要消耗的是淀粉类物质，运动后要补充米、面等淀粉类物质，以消除长时间运动产生的疲劳。

1999 届体育专业生训练计划

（1998 年 11 月 7 日起至立春止）

俗话说"夏练三伏,冬练三九"。在冬季里,大家一定要咬紧牙关,苦练力量、耐力这两项素质。每天早起后,单衣单裤进行早练,越野从三中到四塘坡顶(除周四、周五)。另外两次的越野内容距离长一些(三中——屈子祠三岔路口),越野时注意先慢(1. 准备活动;2. 亮度小避免受伤)后快,注重变速跑(自己把握一种形式:上坡快,下坡放松大步,平路中速;二种形式:上坡中速,下坡快速,平路由快到中速),注重身体姿态,呼吸节奏。中午练专项(乒乓球、武术,篮球),午餐后 12:30 查人,然后进教室上读报课。跳远组自习。

星期一:

早上:越野→立定三级跳远及其辅助练习→放松。

晚上:武术组、跳远组压杠铃,男生甲组:60 公斤~80 公斤,5组,10 次;男生乙组:50 公斤~70 公斤,5 组,12 次;女生丙组:40 公斤~60 公斤,5 组,8 次;乒乓球组、篮球组牵引跑,110 米,6 组,返回时多级跨跳 60 米~80 米,6 组。

放松:放松、弹性步跑 300 米→倒立(2 次)→抖动手脚。

星期二:

早上:越野(三中——屈子祠)→击掌俯卧撑,男生 10 次×3 组;女生 6 次×3 组;纵跳摸高 10 次→摆臂练习(20" 慢——40" 快——30" 慢——30" 快)×2→倒立(2 次)→抖动手脚。

晚上:与星期一同,交换进行。

星期三:

早上:越野→5 米三向折回跑及辅助练习→沙坑中单脚跳,左右各 50 次×2 组→放松。

晚上:跳远组专项,其他组立定三级跳远及其辅助练习。击掌俯卧撑,男生 10 次×4 组,女生 6 次×3 组。

星期四:

早上:越野(三中——屈子祠三岔路口)→摆臂练习(20″慢——40″快——30″慢——40″快)→纵跳摸高 10 次→倒立 2 次→抖动手脚放松。

晚上:压杠铃,与星期一同。

星期五:

早上:上坡 3 组×3 次(邮电局前面);下坡 2 组×3 次。

晚上:压杠铃,与星期二同。

星期六:

早上:800 米×1 次,600 米×1 次,400 米×2 次,200 米×2 次→弹性训练的大步放松跑 300 米→倒立→抖动手脚。

晚上:跳远组专项,其他组立定三级跳远及其辅助练习。

星期日:

早上:越野→打篮球及自由选择练习(四个半场进行)。

晚上:(1+2+3+4+3+2+1)×1 次→绕场 300 米后蹬×1 次→(50 米+50 米)高抬腿跑×1 次→(50 米+50 米)小步跑×1 次→车轮跑(50 米+50 米)×1 次放松。(1+2+3+4+3+2+1)即 100 米、200 米、300 米、400 米。说明:11 月 7 日以前的 20 多天,也按此计划进行训练,参加市运动会的队员除外。

敬请大家注意:①讲究方法科学地练;②该休息时休息好;③注意营养,以便能及时消除疲劳,恢复身体,有充沛的体力、旺盛的精力投入到紧张的学习和艰辛的训练中去,收到事半功倍的功效。

1999 届体育毕业生训练计划

(1998 年 9 月 1 日—1999 年 4 月 30 日)

一、指导思想

以《中国教育改革和发展纲要》为指导,进一步深化素质教育,遵循教育教学规律,讲求科学、系统、全面的原则,循序渐进地提高学生素质和专项水平。

二、基本情况、目标要求

1999 届体育毕业生有 26 人,还有一名寄读生。男生 21 人,女生 6 人。具体情况如下:

彭峰:男生,101 班,性格较怪,训练中不会保护自己,经常受伤。数理化成绩好,但语文、外语还需狠下功夫,特别是外语这一科,同时要提高思想素质,体育素质专项都较好,自己必须明确目标。目标——重点本科体院。

唐海艳:女生,101 班,文化成绩很好,体育素质、专项都较好,体育素质方面,要尽快提高跑、跳两项,乒乓球专项要稳步提高。目标——湖南师范大学体育学院本科。

湛白龙:男生,100 班,文化成绩较好,但要提高外语、物理这两科成绩。体育素质、专项都较好,要尽快提高 100 米、立定三级跳这两项。目标——广州体育学院本科。

湛勇:男生,100 班,文化成绩很好,身材高,思想素质过硬,体育专项较好,现阶段力量差些,要尽快提高手臂、腰腹、下肢力量,在体育方面可以适当多花些时间。目标——湖南师范大学体育学院(关键看体育)。

戴锤炼:男生,101 班,文化成绩较好,但要尽快提高外语、数学等成绩。体育素质好,要提高立定三级跳远成绩。专项水平要尽快提高,三级跳远第二、三跳技术动作不过关,特别是第三跳的落地技术。目标——湖南师范大学体育学院(文化、专业都要努力)。

赵伟君:男生,101 班,智商高,文化基础可以但下的功夫不够,体育素质好、专项好,但不太稳,需稳步提高,思想素质要提高,学习要狠下功夫。目标——湖南师范大学体育学院。

邹海军:男生,100 班,文化成绩好,但外语不太好,急需努力提高。训练时间短,体育素质方面急需提高,100 米跑、立定三级跳远是弱项,要尽快提高速度和弹跳素质,多做快速跑练习、压杠铃。目标——湖南师范大学体育学院(关键看体育)。

黄电波:男生,100 班,文化成绩较好,但外语、物理两科成绩不好,要狠下功夫。参加训练时间不长,体育项目要多下功夫,100 米跑、立定三级跳远是他的弱项,要多加强力量训练,尽快提高跑、跳素质。目标——湖南师范大学体育学院。

冯长富:男生,101 班,文化成绩好,但不很稳,素质、专项都较好,需稳步提高。胆子太小,要多加强胆量、心理素质的练习。目标——广州体育学院(关键看文化)。

汤峰:男生,101 班,文化基础好,专项较好。但高一、二年级时耽误多了。需抓住高三年级,奋起直追,体育素质较好,需加强耐力素质的训练。目标——湖南师范大学体育学院(关键看文化成绩)。

黎勇军:男生,101 班,文化基础、文化成绩好,但不很稳定,参训时间短,体育素质不很好,需狠下功夫,特别是 100 米跑、800 米跑、立定三级跳远这三项。要加强力量、弹跳、速度、柔韧性的练习,专项还要加强套路的练习。目标——湖南师范大学体育学院(关键看体育)。

周荣波:男生,100 班,文化基础不很好,文化成绩需狠下功夫,努力赶上来。物理、外语两科需要努力。素质好,专项也好,但专项不太稳。目标——武汉体育学院(关键看文化成绩)。

蒋碧海:女生,100 班,文化成绩较好,但外语、物理、化学还需进一步努力提高。800 米跑、立定三级跳远急需努力提高,加强耐力和弹跳素质,乒乓球专项不太稳,同样要努力赶上。希望沉下心来,目标——岳阳师范高等专科学校(今年可能专升本,关键在于体育)。

周双荣:女生,100 班,文化成绩不太好(主要是不稳定),外语、物理、化学偏低,急需努力赶上。体育素质较好,专项中的仆步轮拍以及专项中的刀、拳、套路要狠下功夫。性格内向,胆子太小,要尽快改变,提高胆量。切记:未做动作之前,不要害怕人家怎样来评说你,一定要放开手脚,自己大胆去做。目标——岳阳师范高等专科学校(关键看文化成绩和专业中的专项)。

赵娜:女生,100 班,文化成绩较好,但外语、物理两科还需狠下功夫,体育素质要加强跑、跳的训练,即速度类的 100 米、耐力类的

800 米跑、灵活性的 5 米三向折四跑、弹跳类的立定三级跳远、专项乒乓球要稳步提高。目标——岳阳师范高等专科学校(关键看专业中的专项,同时也要重视文化成绩)。

邹谦:男生,101 班,文化成绩一般,外语是弱科,希望抓紧迎头赶上。体育素质较好,其中立定三级跳要尽快提高,多搞发展弹跳力的训练,专项篮球要稳步提高,特别是纵跳摸高。希望树立信心,更进一步沉下心来搞学习,更刻苦一点搞专业训练。目标——岳阳师范高等专科学校(关键看文化成绩,当然专项篮球要稳)。

黎海容:女生,101 班,文化成绩较好,物理、数学科要加强,体育素质较好,专项跳远问题较大,要加强专项的训练。建议胆子放大些,放开手脚,大胆、积极、主动地投入到训练中去。目标——岳阳师范高等专科学校(关键看专业中的专项)。

冯梅:女生,101 班,文化成绩有待提高,体育素质较好,不过要加强耐力训练,提高 800 米跑成绩,专项跳远还急需提高,要充分发挥速度水平,待腾空起来后再挺身。目标——岳阳师范高等专科学校(关键看文化成绩)。

郑佐雄:男生,100 班,文化成绩好,智商较高,但聪明才智没有被很好地挖掘出来,特别是外语、物理两科。素质方面要狠下功夫,特别是 100 米、立定三级跳远两项,专项武术要加强武术素质的训练。目标——岳阳师范高等专科学校(关键看体育,同时不能放松文化学习)。

吴迪:男生,101 班,文化成绩不太好,学习方面有进步,但还没有被全部挖掘出来。要加强纪律性,体育素质、专项都较好,不过要稳步提高。目标——岳阳师范高等专科学校(关键看文化成绩)。

刘坤:男生,101 班,文化基础不好,特别是外语、物理两科,体育素质较好,专项乒乓球也不存在问题。人诚实听话、守纪律,希望加强文化学习,努力提高文化成绩,既要多问,讲究方法,又要多花时间。目标——岳阳师范高等专科学校(关键看文化成绩)。

杨三洪:男生,100 班,文化成绩较好,但外语、物理这两科需狠下功夫,迎头赶上。体育训练时间不长,体育素质一般,特别是 100 米、立定三级跳这两项需狠下功夫,专项武术素质较好,需加强套路的练习。诚实、刻苦、认真、听话。目标——岳阳师范高等专科学校(关键看文化成绩、专业中的武术专项)。

黎春彦:男生,101 班,文化成绩较好,体育素质方面,需加强 100 米跑、立定三级跳远这两项的训练,即速度和弹跳素质。专项方面加强套路的训练提高。

吴高庆:男生,100 班,文化成绩较好,诚实、守纪律、听话、刻苦、认真,但胆子太小了。体育素质和专项都必须同时抓上,特别是 100 米跑、800 米跑、立定三级跳远。专项篮球发挥不稳,尤其是纵跳摸高和一分钟连续跳投。目标——岳阳师范高等专科学校(关键看体育)。

王波:男生,101 班,寄读生,文化成绩不很好,为人诚实、训练刻苦、学习认真,在训练队伍中能起带头作用。体育素质要充分发挥速度水平,待腾空起来后再挺身。目标——岳阳师范高等专科学校(关键看文化成绩)。

赵健:男生,100 班,文化成绩不好,九月份才参加训练,情况不太清楚。(试训一月)

湛旭辉:男生,101 班,文化成绩一般,参训时间也不长,体育素质 100 米、立定三级跳远需努力提高,专项武术也要加强。目标——岳阳师范高等专科学校(关键看文化成绩,也要看体育)。

注意:

1.请大家正确看待情况分析,不要走极端。有些同学太保守了一些,但有些同学也过高估计了,请每位同学对照自己的实际情况,认真分析、总结,提高自己。

2.有些同学,体育都能上本科线,乃至重点本科——武汉体院、上海体院、北京体院、成都体院等。但是,如果不提高文化成绩的话,考岳阳师专都有问题。希望大家把这些情况当作病历单来看待,对症下药,千万别听之任之。

三、采取措施

1. 从严(严要求)、从大(大强度、大密度)、从高(高目标)要求。

2. 采取科学的训练方法进行训练,如超量恢复原理,高温训练,变换环境(校内、校外、汨罗大操坪、师大的场地等),变换条件(气温条件、气候条件、冬练三九、夏练三伏)。

3. 变换老师(我、我的学生、师大的教师等)让学生有新鲜感、好奇心。同时接受的东西要广泛、全面。

4. 讲究营养、适度休息。高糖膳食,多吃水果、蔬菜、瘦肉、鱼、黄豆、豆质品食物、土豆、白糖、鸡、蜜糖、木耳、鳝鱼等。适度休息好,毛主席说过,"会工作的人会休息"。休息得好,疲劳才能消除快,体力充沛、精力旺盛,学习训练效率高。

5. 及时考核,及时总结。采用月考制度,一月一次考试,一次总结讲评(包括文化、专业)。

6. 注重反馈。学生反馈情况给家长、教师;教师也反馈情况给学校、年级组、任课教师、家长;及时集中研讨,对症下药解决问题。

四、具体计划

9月1日至9月30日,早上训练素质,第七节课训练专项,第七节课后训练素质(田径代表队队员训练参赛项目)。

10月1日至元月31日,为冬训时间,重点训练提高力量、耐力(这段时间利用双休日带学生去汨罗大操坪测试一次,请师大各专项老师来我校指导一次)。

2月1日至3月31日,为速度、技术提高阶段(春节前送学生去师大培训一次,采取自愿的形式)。

4月1日至4月15日,为考前准备阶段,以模拟考试为主,辅以查漏补缺,技术提高阶段。

4月15日至4月30日,为体育高考阶段,我去带队。另外,请吴光宗老师帮助指导技术,学校领导去一位,帮助管理学生,负责组织纪律、后勤服务、管理钱粮。力争50%～60%的人上本科线,100%的考生上专科线。

5月1日至7月6日,为文化强化学习、复习提高阶段。这段时间,拜托全体老师、全体家长都来关心、督促、鼓励体育专业生,力争人人学好,胸有成竹地走进考场。

7月7日至7月9日,为文化高考阶段,希望全体体育生学习十二年,用兵在这三天的五科上面,力争"师专、师大人人不怕,武体、上体个个能去,广体、南华手到擒来"。

根据师大内部动态制订体训计划(1998.12)

动态:体育专业生的体育项目可能会有大异动,增加专项,减少素质项目及异动素质项目。由一个专项增加到两至三个专项,其中至少有一个田径专项,希望全体考生根据自己的实际情况,学校条件、师资力量选择最佳第二、第三专项,不打无准备之仗,力争人人稳操胜券。

注意事项:①用心、动脑、科学、训练;②勤学、刻苦、好问地训练;③既要遵照参考训练计划,又要因人而异,区别对待,有针对性地训练;④每天中餐后自觉训练(篮球、武术、乒乓球)主专项(第一专项),第七节课训练第二、第三专项(结合部分素质项目进行训练);⑤早晨整个时间都搞训练,由于训练时间延长,这就要加大运动量和运动强度。同时,要配套增加营养投入,增多休息时间,第三节晚自习可以进寝室休息,确保纪律好。

周一早上:

1.越野:三中→四塘坡顶,注意采用变速跑(上坡快→下坡放松大步跑→平路中速→上坡慢→下坡快→平路中速→上坡快速);

2.立定三级跳远15次、两级蛙跳10次、立定跳远5次;

3.俯卧撑男(15次×2组)、女(10次×2组);

4.倒立;

5.放松。

第七节:①径赛组:测1600米,休息6分;跑600米,休息5分钟,跑400米,休息4分钟,跑200米各一次;②推铅球20次,双手后抛铅球10次,1分钟连续挺举杠铃,男30公斤,45~60次,女生 20公斤,45~60次;③放松。

周二早上:

1.上坡110米×5次×2组,下坡120米×5次×1组;

2.五米三向折回跑及其辅助练习→俯卧撑→后蹬100米;

3.放松。

晚上:

1.跳远组专项训练(见专项训练计划);

2.武术、乒乓球、篮球及径赛组压杠铃;

　　甲组:150公斤~180公斤(自由)

　　乙组:100公斤~120公斤(人人)

　　丙组:50公斤~80公斤(女生)

3.后蹬跑100米×4组,注意要充分蹬伸、膝、踝关节;

4.放松大步跑60米~100米,4组;

5.放松。

周三早上:

1.越野:三中——屈子祠三岔路口,注意要快速进行;

2.推铅球、推举杠铃、双手后抛铅球;

3.沙坑中单脚跳,左右各50次,2组;

4.倒立,放松。

晚上:

1.跳远组压杠铃(同周二武术、乒乓球、篮球组的第2、3、4项内容);

2.武术组、乒乓球组、篮球组的主专项中午训练了,此时训练第二、三专项,先测1500米、跑600米、400米、200米各1组,中间各休息6分钟、5分钟、4分钟、3分钟。

周四早上:与周二早上晚上相同。

1.有径赛专项的同学,先分别测一次成绩,然后分别进行训练测试项目1500米、400米、200米,然后分开训练;

2. 训练内容:(1 + 2 + 3 + 4 + 3 + 2 + 1) × 1,中间休息 100 米采用慢跑,但不能停下来,也不能走;

3. 推铅球 20 次,推举杠铃 10 ~ 20 次,3 组,挺举杠铃、俯卧撑(男:15 次 × 5 组,女:10 次 × 4 组);

4. 放松。

周五早上:

1. 越野:三中——四塘坡顶;

2. 牵引跑 100 米,返回时多级跨跳 60 ~ 80 米,接踏跳步 20 ~ 40 米,然后手撑地腿屈伸的练习 10 ~ 15 次,整个内容重复 5 组;

3. 放松。

晚上:

1. 测试跳远、三级跳远,然后训练(见专训训练计划);

2. 乒乓球组、武术组、篮球组、排球组压杠铃(具体内容同周二)。

周六早上:与周一早上相同。

晚上:

1. 跳远、三级跳远组压杠铃(同周二);

2. 放松;

3. 其他组:300 米 × 1 次、200 米 × 2 次、150 米 × 3 次;后蹬跑 100 米 × 2 组,大步放松 50 千米、300 米各 1 组。

周日早上:

1. 越野:三中——屈子祠三岔路口;

2. 打篮球放松,排球组专训。

晚上:

1. 测 100 米 × 3 次 × 2 组;

2. 放松。

准备时期的周计划

内容:

1. 发展一般耐力;

2.发展弹跳力和力量耐力及灵活性;

3.学习放松快速跑,改进跑的技术。

星期一:

1.发展一般耐力越野跑了 3 ~ 5 公里(每分钟脉搏 150 次);

2.发展弹跳力、立定跳、立定十级跳各 10 ~ 15 次。

星期二:

1.发展灵活性,打篮球 30 ~ 40 分钟;

2.改进技术,小步跑高抬腿跑、后蹬跑(40 米,2 ~ 4 次);

3.学习放松快速跑 100 米,4 ~ 6 次。

星期三:

1.发展一般耐力,越野跑 4 ~ 6 公里(每分钟脉搏 160 ~ 170 次);

2.发展力量耐力,用实心球、沙袋、肋木、杠铃等做腰腹肌和腿部力量练习 20 ~ 25 分钟。

星期四:"1 + 2 + 3 + 4 + 3 + 2 + 1"快速时脉搏达 170 ~ 180 次。

星期五:

1.改进技术,小步跑、高抬腿、后蹬跑各 60 米,3 ~ 5 次;

2.学习放松快跑 150 米,6 ~ 8 次,发展弹跳力,跳绳 10 ~ 15 分钟。

星期六:

早:发展一般耐力,越野跑 6 ~ 8 公里(每分钟脉搏 130 ~ 140 次)。

晚:间歇跑 1000 米,3 组,脉搏次数 170 ~ 180 次,休息时 110 ~ 120 次。

星期日:早晨休息,下午训练。

注意:极点,进行中长跑或超长距离跑的时候,跑了一段路程后,或者在一场激烈比赛开始后一段时间内,常常会感到两腿沉重,动作失调,胸部发闷,呼吸困难,简直不愿意再跑下去了。这种生理现象在运动生理学上就叫作"极点"控制。清除"极点"的办法:

①充分做好准备活动;②出现之后,不可怕,不要停止运动;③要调整速度,加深呼吸,使二氧化碳及时排出体外,改善氧的供应。

汨罗市三中 1999 届体育专业毕业生家长会

一、近几年招生情况展示

1.1990～1998 年九年的专业录取分数线（满分 100），及文化课录取线：

70～75 分专科线　　文化课成绩 350～370 分

78～85 分本科线　　文化课成绩 380～420 分

85～95 分重点本科线　　文化课成绩 400～440 分

2.招生学校

专科：岳阳高等专科学院、郴州师范学校（现湘南学院）、常德师范学校、益阳师范学校、怀化师范高等专科学校等。

本科：湖南师范大学体育系（1998 年改为湖南师范大学体育学院，属于重点本科）。

重点本科：武汉体育学院、广州体育学院、上海体育学院、北京体育学院、天津体育学院等。

3.1993～1998 年，我校培养考取体育大学的学生：

徐勇：湖南师范大学体育学院，新塘人，1995 年考取。

何芳（女）：湖南师范大学体育学院，楚塘人，1995 年考取。

翁艳（女）：湖南师范大学体育学院，磊石人，1997 年考取。

周德平：武汉体育学院，白塘人，1997 年考取。

湛天星：湖南师范大学体育学院，白塘人，1997 年考取。

黄文德、任德喜、李雷飞、郑德平、雷勇、荀飞明、罗义文、张飞文、庄艳（女）、吴珍（女）、周斌、李胜武、阳静（女）、黄华、许勇、吴利（女）、欧阳清（女）、狄斌（女）等同学考入岳阳师范高等专科学院（现在师专体育科已由专科升本科了）。

二、今年招生政策及考试情况分析

1.招生政策方面：招生面扩大，所需人数增加。

做高中体育教育的追梦人

2.参加考试人数倍增,竞争激烈。

3.考试项目改动大,考试难度增加。

4.考试时间日趋逼近,3月7日(农历正月二十日)星期日,距离考试4月1日只有24天,如果在4月10日考岳阳地区,那么时间稍许多点,不过也只有34天。况且,我们地处梅雨地带,三四月份是梅雨季节,雨天时间多,给我们剩余的时间就更少了。

三、我校体育专业生整体情况分析

1.人数多,有27人(其中一名寄读生)。

2.所涉及的项目多,集体项目(人人都要考的素质项目有100米跑、立定三级跳运、800米跑;辅助专项:男生纵跳箱分腿腾越,女生横跳箱分腿腾越;男、女生篮球往返运球上篮;男、女生铅球;主专项兼涉篮球、乒乓球、武术、跳远、三级跳远。由于本人能力、水平有限,所以给训练或多或少地带来一些不尽如人意的地方,希望全体体育生加强纪律性,严格要求自己,动手、动脚、动脑,用心科学训练)。

3.①参训时间参差不齐,有几个同学从高一开始参加训练,有几个同学从高二参加训练,还有几个从高三才开始训练;

②身体素质、专项基础参差不齐,所以给我训练带来许多不便,增大许多难度;

③文化基础、文化成绩、智商参差不齐,在文化抓管上给我带来许多困难;

④遵纪守规、思想素质参差不齐,在管理上给我这个教练带来许多麻烦。

四、今年体育考试总分150分(原来100分制)

三项素质各占25分,素质总分75分。

主专项占50分,辅助专项占25分(采用3择2)。

估测录取线:

专科专业:100~110分　　文化:340~360分

本科专业:115~125分　　文化:360~400分

重点本科:125~135分　　文化:400~480分

五、每个学生的分析（见前面训练计划中的情况分析）

六、敬请家长来参加家长会的目的

1. 加强联系，促进相互了解，共同管理、教育、培养好学生。

2. ①训练人数多、参考人数多、竞争激烈；

②今年项目改动大，新增项目多，难度加大；

③半路出家的考生多，体育素质基础参差不齐，很不理想。

所以，我们要因人而异，区别对待，采取相应措施，在较短时间内提高学生的专业成绩，以达人人体育上线，人人考取大学。

3. 采取措施：

①敬请各位家长，继续加大对体育专业生营养的投入，经济的支持；

②既督促其子女，又鼓励关心其子女，以便专心学习、训练；

③对于体育高考有问题（或者说拿不稳）的同学，需在体育考前增加训练时间、休息恢复时间，营养补充。

④万一通过在学校训练还拿不稳的学生，可去师大培训一周。（如乒乓球组、篮球组、武术组的同学）如果去的话，家长需准备 320～360 元人民币。

⑤对于文化能稳上专科、本科及重点本科的考生，如果万一体育有失误，家里有经济基础的考生，敬请家长尤其要重视，做到有备无患。

⑥敬请家长，每周日用补药炖土鸡给子女吃，以补充营养；另外，每天冲服白糖、蜂蜜或蜂王浆等补品，用水鸭炖补药吃以消毒、坐火（消炎），还可用人参炖水喝，或西洋参水服、吃鳝鱼等。

横跳箱分腿腾越的常见错误及纠正方法

横跳箱分腿腾越是高中教材第三册中女生支撑跳跃的内容，也是部分省市体育高考中的辅助专项（湖南省 1999 年体育高考中，女子横跳箱分腿腾越作为辅助专项中的一项，占 25 分）。通过训练横跳箱分腿腾越能增强下肢和肩带肌肉、韧带的力量和柔韧性，提高协调能力、控制平衡能力和超越障碍的能力,培养勇敢顽强、果断、不怕困难的优良品质。横跳箱分腿腾越由助跑、上板、踏跳、第一腾空、推手、第二腾空和落地七个环节组成。其中,快速助跑、积极上板踏跳,是支撑跳跃的重要环节,快速助跑是完成动作的原动力,踏跳和推手是完成动作的先决条件,第二腾空的高度和远度是衡量动作的主要指标,而完成动作的难易,则取决于手撑器械的位置。在实践过程中,学生往往会出现一些错误。下面针对学生出现的错误,介绍一些纠正方法:

1. 助跑速度慢,节奏感不强

产生原因:助跑时不是用前脚掌着地,而是整个脚掌着地,心理素质不理想,有害怕、胆怯心理,速度跑不起来,跑时摆腿送髋不够,跨大步或踏小步,导致节奏感不强。

纠正方法:先移开跳板、跳箱,在助跑道上画一条 10 ~ 15 米的助跑线段,反复进行助跑然后在踏跳板处放一块小垫子,力争每次踩在小垫子上。再移开小垫子,用助跳板代替小垫子再做助跑练习。这样采用渐进法进行练习,即使胆小、怯场的学生也能练好。同时,加强腿部力量相关素质的练习,培养体操助跑意识,提高助跑的水平速度、助跑的节奏感。

2. 上板不积极踏跳,不主动单脚踏跳

产生原因:助跑速度慢,节奏感不强,助跑与上板、踏跳结合不好。另外,初学者由于技术不熟练,存在畏惧心理,且单脚踏跳,造成身体腾空时偏转,从而失去平衡。

纠正方法:先跨一步上板、踏跳,练习三四次后,增加助跑步数,3 步助跑上板、5 步和 7 步助跑上板、踏跳,然后用“意念法”上板、踏跳,想象助跳板上很舒服,弹性很强,脚一上板,能很舒展地腾起,我一定要双脚踏跳,做得更舒展。这样反复练几次后就能很好地踏跳了。

3. 第一腾空不高

产生原因:助跑速度慢(包括最后一步过大,使重心过低,步点不准),上板不积极,踏跳不主动,害怕撞箱,第一腾空意识不强,技术生疏。

纠正方法:①多做跑准步点的练习,公式"便步×2－2"即步数;②先在体操垫上助跑做鱼跃前滚翻,领会含胸、领臂、伸(推)手动作;③助跑、上板、踏跳双手推墙;④助跑、上板、踏跳推横箱,横箱前面站一人保护,横箱后面两侧各站一人保护,且托练习者大腿,做这个练习时,两腿要分开。

4. 两手撑箱时一前一后,没有正对前方且推手不够

产生原因:单脚踏跳造成身体偏转,失去平衡从而撑箱一前一后,或者不是正对前方。由于手臂力量差、初学技术不熟练,推手没有用力,导致推手不够;由于没有很好的初速度,协调性不佳,含胸领臂紧腰不够,导致腾不起。

纠正方法:①培养学生养成相对恒定的步数、步幅和步点,准确上板的习惯,形成动力定型;②做助跑最后一步单脚跳起,双脚着板制动性快速蹬跳练习;③培养学生勇敢顽强的意志品质,在加强技术训练的同时,加强心理训练;④强调学生多在垫子上做俯撑脚、蹬地后摆腿,同时分腿站立,提高推手能力。

5. 第二腾空过早、过迟或者不明显

产生原因:没有完整的技术概念,推后不能很好地感觉身体在空中的姿势,不能把握好第二腾空的时间,有的由于练得少,根本不知道如何去完成第二腾空。

纠正方法:①对学生进行完整的技术介绍并示范,或看图示、图片、录像;②着重强调第二腾空的时间是在推手后,身体刚过跳箱的那一瞬间;③原地做挺身收腹落地练习;④在跳箱盖上双脚跳然后完成挺身收腹落地动作;⑤学生独立完成,推手后两腿制动,身体上抬并紧腰保持挺身姿势;⑥在跳箱的侧前方放置标志物,要求练习者腿一触到标志物,马上做制动动作,以掌握制动腿的时机,提高挺身的效果。

6. 落地不稳

产生原因:技术不熟练,为求落地远度,向前送髋送腿太多,推手后双手同时向后摆手,使上体向后倾,落地时失去重心。第二腾空时挺身不够,直腿落地,没有屈膝缓冲。

纠正方法:①熟练掌握落地的技术概念;②推手要积极、主动,挺身动作要完成好,可蹲在跳箱盖上向垫子上做跳起、挺身落地的练习;③原地做跳起,挺身收腹落地的练习;④落地时要屈膝缓冲,以便增加稳定性。

对提高立定三级跳远成绩的探讨

多年来,立定三级跳远被部分省、市列为体育专业素质考试项目,满分要求很高。男子9.2米、女子7.8米,对考生的腿部力量(特别是腿部爆发力)、跳跃能力、协调性(特别是上、下肢的协调能力)、身体姿势以及腰腹力量等,都是一项极为严格的检测。要提高立定三级跳远成绩,笔者认为,应从以下几个方面考虑和进行训练:

1. 掌握技术要领

立定三级跳远是由两臂预摆、屈蹲后摆、两脚并腿跳、跨步跳、跳跃同时落坑五个技术环节紧扣组成的。在动作过程中,蹬伸要充分,要保持较好的水平速度和一定的垂直速度。训练时,要求学生先活动开,做几次深呼吸,然后走到起跳处站好,两脚稍分开(距离因人而异),两脚平行开立正对前方,这样便于发力及充分利用后蹬的反作用力。第一、二跳落地时,脚尖要正对前方,避免因"内、外八字脚"产生分力,同时要采用积极的"滚动式"着地技术,即脚跟接触地面迅速滚动到前脚掌做起跳动作。

2. 三级跳的比例要合适

第一跳不能太远,约占总距离的26%,太远或太近都会影响第二、三跳的技术动作和跳的距离,第二、三跳分别约占总距离的30%和44%。训练中可将全距按比例划成三段,用3条1米长的平行横线隔开;通过3条横线划一条正对跳跃方向的垂直于平行线的直线,分别在交叉"十"字处画半径为 20 厘米的特别显眼的圆圈。这样，既能纠正学生三级跳比例的失调，又能确保腾起初速度和落地时的远度，确保学生蹬地及摆腿方向都在一条直线上，确保蹬、摆力量作用于身体重心部位，获取好的蹬、摆用力效果。为了便于不同程度的学生在同一场地训练，在 3 条 1 米长的平行横线的两边，每相隔 10 厘米分别划上逐渐缩短的平行横线 3 条或 4 条。这样，能让不同的学生分别朝自己的目标线跳去。

3. 手臂摆动及身体姿势要正确

预摆时，身体直立，两臂由体侧下方上摆，屈膝半蹲，两手臂由肩上方经前摆至体后方。第一跳时，两臂同时向上摆起，双脚起跳，腹肌、髂腰肌收缩，摆动腿屈膝高抬，力争大腿膝盖触到胸部，下落时经前面自然（稍许）伸小腿。第二跳时，单腿跨起，腹肌、髂腰肌收缩，摆动腿要触到胸部，下落时脚尖正对前方，相当积极地滚动着地。第三跳时，双臂摆起，两腿同时收起，下落时向前下方伸腿展，向前或向侧倒地。整个三级跳中要做到：①都要有"意念反应"或"念动反应"，即想象上面有力在拉自己的头、向上摆动的手臂、摆动的大腿、膝盖，同时想象上面有一悬挂物，要用力将头、向上摆动的手臂、摆动的大腿膝盖向上触及想象的悬挂物；②起跳时都要能感觉到前脚掌用力和脚趾离地前的发力，每一跳着地时要求积极有力地快速滚动着地；③注意控制好节奏，根据三跳比例逐渐延长空中滞留时间和增大腾空高度，但不能影响水平速度；④并腿跳、跨跳的远度适宜，以利于跳跃阶段充分发挥；⑤注意送髋和上体积极前移；⑥跳前要重视正确技术，预摆时脚掌不能离地移动，即不能做垫步，以免犯规。

4. 注意落地动作

落地动作的好坏，直接影响到立定三级跳远的成绩。落地技术好，成绩可以提高 30～40 厘米，有时更远。要改善落地技术，可多进行立定跳远的训练，掌握两臂协调摆动、快速起跳、轻巧落地的技术。开始时，应做些两臂前后自然摆动和两腿的弹性屈伸练习与原地向上跳起及展体、落地送髋等动作。可在沙坑边放一块小垫子或一个跨栏架,学生在距栏架50~60厘米处起跳,收腹、抬腿(力争膝盖触到胸部,而不是上体前倾下压膝盖),然后过栏架(或其他障碍物),做伸腿展髋的落地练习。

上面的练习还可以从跳箱或山羊上起跳、收腿、伸腿展髋,落入沙坑,延长下落时间,以便体会完成伸腿展髋动作,提高落地技术。当人体处于空中抛物线最高点与落地点的二分之一处时向前伸小腿,应掌握好这个伸腿时机,过早或过迟均会破坏空中动作结构和身体平衡。还可采用双膝前跪,身体向侧或前倒下的落地技术,落地动作的好坏与腰腹力量有很大关系,落地的同时,两臂前摆收腹。

5.提高腿部力量和跳跃能力

练习方法:①杠铃半蹲、全蹲。男生:80~130公斤,女生:40~80公斤。蹲杠铃时,下去要慢,起来要快,同时提脚跟,身体直立腾起,也可双脚滚动起跳、后扒地面,小腿后折起跳。一般采用轻而次数多的方法,也可采用大重量少次数,这样有利于腰腹肌、腿部和踝关节力量的提高,特别是腿部和踝关节的爆发力的增强。②负杠铃弓箭步走。男生:30~50公斤,女生:20~30公斤。要求动作要到位,前腿弓、后腿绷、挺胸、两脚尖正对前方。③多级跨跳,一般采用60~80米。做多级跨跳时,应特别注意手臂的协调摆动,两臂应由体侧屈肘向前上方摆,带动身体向斜上方位,而不能左右两臂交替前后摆动,或直臂划弧摆动。④多级蛙跳,能够很好地提高落地动作的质量,一般可采用30米×5次。⑤单足跳,50米×8次,左右轮换。⑥跳坑,可在沙坑边放跳箱,从跳箱盖上用力跳起,然后练习落地。⑦跳台阶,要求连续多级,向上跨跳。⑧三级跳远练习。⑨跳远中的腾空步练习。⑩负重踝关节屈伸练习。还有跨上高物,助跑、踏跳、大腾空步跨上高物,上下坡跳。上坡跳有利于提高学生后蹬充分蹬直、前摆充分高抬的能力(坡度15°~20°);下坡跳,有利于学生后蹬"扒地"后迅速前摆及控制身体平衡的能力(坡度15°~20°);障碍跳有利于增强学生"扒地"用力感觉,培养学生向上跳的意识;在起跳板上起跳,跳过一个塑料标志物,第一跳落在助跳板上,跳过"凸高"

小垫子,第二跳落在横跳箱盖上,跳过倒放的跨栏架,第三跳落入沙坑;原地跳:在沙坑中进行第一跳双脚起跳,左脚落地接跳起,然后,右脚落地接跳起,双脚落地练习(或先右脚,后左脚),反复做此动作。有利于发展学生的腿部力量和踝关节力量,增强三跳的意识;背手跳,让学生将两手反背身后,进行立定三级跳远练习,有利于克服学生大腿前抬不够,起跳腿蹬伸不直的错误动作;追逐跳,在半径为10米的圆圈上,每隔5米画上一个边长为0.5米的正方形,13人一组,每一个学生分别站一个正方形,教师发令后,13人以立定三级跳远的形式或者多级跨跳形式做追逐练习,有利于发展学生的腿部力量,培养学生腿部快速蹬伸的能力;连续跳越栏架或"凸起"的小垫子,以利于训练节奏感,前抬大腿。

6. 提高协调性

实践证明,跳跃的过程中,摆臂技术的好坏,对跳跃的效果有直接影响。良好的摆臂技术是取得优异成绩的重要基础,因此在平时练习要注意上、下肢动作的协调配合。

谈训练体育专业生的几点体会

1999年,我所带训的体育专业生取得了历年来的最好成绩。其中,专业上本科线达18人,上专科线3人,最终录取本科11人,专科4人,比1993年录取2个专科、1995年3本1专、1997年3本2专要好得多。通过多年带训体育专业生的实践,总结出以下几点体会:

体育专业生的文化学习与专业训练的关系,就像空中飞翔的鸟儿的左右两翅,只有协同拍打才能不失平衡地前进。文化学习与专业训练对专业生来说同等重要,不能顾此失彼,必须和谐发展,齐头并进。

1. 选材

培养专业生,选材是很重要的一环。每届新生一入校,我就开始调查了解,通过测试、考核,把情况弄清楚。在选材时,注重政治思想表现、文化基础、智商、身材、身体素质、出生情况、有无病史等。

2. 诱导

选准苗子后,开始做思想工作,向学生强调思想表现、遵纪守规、吃苦耐劳、拼搏进取、团结协作,进而向学生介绍体育特长生历年的项目设置情况,文化录取线范围,有哪些体育明星,诱发学生的好奇心、进取心。学生有了奋斗目标,才能严格训练,严格要求自己,不断朝自己的目标努力。

3. 管理

"管理出效益。"没有好的管理,就没有好的收效,"严是爱、松是害"。首先,从严要求自己,带训不迟到早退、不穿拖鞋皮鞋、不穿便装,严格按计划进行科学训练。这样,才能从严要求学生,才能做学生的表率。要求专业生自觉遵纪守规,积极参与各项有益活动,持之以恒地坚持刻苦训练。重视体育骨干的培养,将专业生按专项分成组,选出组长、副组长,开展组与组之间的竞争、评比,对各组逐人进行目标管理和考评。

4. 关心

教师要体贴入微地关心、爱护学生,师生间相互信赖。训练前准备茶水、场地、器材;训练中细心观察学生的神情、呼吸、出汗程度、动作质量,然后随时进行调整、纠正;训练结束后,给他们按摩、放松,定期给他们改善生活。特别是高考前、中期,是经验、智慧的较量,如体育高考遇上雨天,我们必须事先买备用的鞋、袜,以便考试时不穿湿鞋,避免脚打滑,从而影响体育考试成绩。为了防止考试时间拖延较长,每个考生入考场前,人手备有一个能量袋:凉茶、矿泉水、口服葡萄糖、苹果、香蕉、八宝粥等。1999 年高考,岳阳地区考生上午八点入场,有些同学考到晚上 11 点多,中途得送盒饭,以便保证体力。

为了解学生在家表现、家长送读热情、家庭经济的真实状况等,我走遍了每个学生家庭。通过家访,对照学生在校情况,有的放矢地对症下药。例如,邹海军同学,进高三才参加训练,个子矮小,经常面黄肌瘦,练不动,但他强打精神,很卖力。我看在眼里,急在心头,于是去他家家访。跟他父母交谈后才知内情:他父母体弱多病,家中经济极其紧张。我劝说他父母克服目前困难,尽力支持孩子。与此同时,我经常请邹海军同学到家里改善生活,经济上少许资助。高考成绩揭晓,他以专业115分、文化435分考取了体育本科。邹谦同学文化基础不理想,家庭经济紧张,高二停学。年级组、班主任多次做工作,后来我又亲自打电话,终于使离开学校一周多,已经在湖北割芦苇的邹谦同学回到了学校。通过领导、老师的关心、鼓励和他自己的努力,他也考取了体育本科。还有家庭负债累累的湛白龙、冯长富,双双考取广州体育学院。

1999年体育高考,第一次实行"3+2+1"制考试,省招办是3月份公布的,而我早在1998年10月底就捕捉到信息,瞄准新动态,重新制订专业训练计划,并予以落实。

为了训练学生的竞技战术,我不时地变换场地,采用不同形式有针对性地训练。如800米耐力素质,我采用"交叉领跑法"进行训练,学生成绩上升快;为了训练学生心理素质,我把学生带到大操场测试;利用课间操将武术生带到学生集合队形中间表演套路;元旦晚会让学生登台演出;语、数、政三科会考一结束,我当晚就带学生去师大进行模拟考试,让学生适应不同场地、不同主考老师,以便使学生去掉对场地、主考老师的陌生感。为了加深学生对我所强调的技术要领的掌握,带训本届学生两年来,我先后在市、地、省,乃至国家级体育刊物上发表体育方面文章近二十篇。然后拿发表了的文章让学生传阅,让学生去掉名师效应。为了不顾此失彼,在专项选择上,我主张多样化,目的是为了应对情况突然变化。如今年岳阳地区考试期间,倾盆大雨下个不停,对于在田径场考试的足球、径赛专项就要吃亏些。为了保证训练所需器材,在经济紧张之际,能自制的就自制,能借的我就到外面借(在学校对面的农技站借了一张旧台子),为了让学生出成绩,充分调动一切能够调动的积极因素。

5. 定期检测及时总结

平时单项训练时,边训边测,以训练中的成绩来检验训练强度或密度,分析对不同学生的适应情况。训练一月或两月调整 4 ~ 5 天,然后测试,以掌握学生训练情况。总结之后,又定出每一个学生下一训练段的目标,让学生心中有数,朝自己的目标努力。与此同时,我还与任课教师、班主任、年级组长交换情况,然后逐个不定时地谈心,特别是专业高考之后,我邀请每位学生家长,召开了研讨提高学生文化成绩的专题会。另外,还召开了有校长、年级组长、班主任、任课教师参加的"对号专题会"。

浅谈体育教学中的心理训练

在体育教学过程中,对学生进行科学、有效的心理训练,是相当重要的一个环节。那么,如何搞好心理训练呢?

笔者从多年的教学和训练中摸索总结出如下几点:

1. 掌握人的生物节律规律

生物体生活的周期、规律叫作生物节律周期或生物节律规律。例如,一个人什么时候想睡觉,什么时候又醒了,什么时候(包括月、周、日中的哪个时候)人的情绪、学习效率、训练、比赛、考试状态最佳,而哪个时候又最差?

摸索办法:将人每月、每周、每天训练、比赛、考试的最佳效率、最佳竞技状态,或最差效率、最差竞技状态时间记下来,通过一段时间后进行分析、总结,看看是否有规律,如果有,那就是你的生物节律规律。

非节律因素的克服和避免办法:

①早有思想准备,能正确对待,不至于加重情绪化、思想负担。例如,女生的例假。一般情况下,此时的女生情绪低落,精神不振,竞技水平低下。特别是有痛经习惯的同学,尤其要有心理准备,采取应对措施。作为女生,要把握好自己的例假周期,提早做好思想准备。做到心境开阔、心情愉快,注重休息、营养。也可采用药物的办法,将

例假提前或推迟,避开比赛或考试,最好是排卵期正处在比赛或考试的时候,因为此时人的情绪高昂,竞技状态最佳。

②提早注意营养、体育锻炼、休息,便能避免不良现象的出现,不至于影响训练、比赛或考试成绩。这样,人的有效训练时间大增,做到有备无患。

③遇到效率低、情绪低落时,要心境开阔,尽可能稳定,提高情绪,集中注意力,培养所练、所参赛、所考试项目的兴趣感。

注意生物节律规律的同时,还要注意运动规律。例如,某学生在训练时,跳立定三级跳远,经常要到第四次或第五次时成绩最好,那么,该学生就要记下这一运动规律,在比赛或考试前先练习三次,待比赛考试时,就是最佳成绩。

2. 培养良好的心理素质

一个人心理素质的好环,直接影响着训练、比赛、考试的发挥。每个人的心理素质各不相同,有的学生平时训练有素,所以他们的心理素质好,比赛、考试时就不会慌张、怯场,也就能够得心应手,正常发挥或超水平发挥。而有些学生心理素质水平低,还没开始测试、比赛、考试,就紧张得要死,心慌意乱,手脚发抖,反应、思维迟钝,总有要上厕所的感觉,心跳加快等(这就是"赛前紧张心理")。

培养办法:注重平时的锻炼,养成不慌不忙、沉着冷静的习惯,把平时的训练、比赛、考试当成大型比赛、考试一样来看待。这样,到了大型比赛、考试时就不会出现陌生感、怯场感。平时还可以多搞一些校内或校外的模拟比赛、考试及其他形式的竞赛。这同样能锻炼学生的心理素质,培养良好的心理状态及心理品质,提高适应不同形式、不同场所的比赛、考试能力。

3. 打好扎实的基础,练好过硬的本领

抓好课堂、课余训练,牢牢把握老师所传授的知识、技能、技巧,把所接受的各种知识、技能、技巧学扎实、学牢固,随时都能做到胸有成竹,稳操胜券。

只有通过科学、有效的心理训练,才能达到提高心理活动水平,控制心理活动强度,消除心理障碍的目的,才能让每一位学生在训练、比赛、考试中保持最佳状态,获得满意成绩。

宝剑锋从磨砺出,梅花香自苦寒来
——汨罗市一中课余训练点滴

汨罗市一中于 1997 年跨入"湖南省体育传统项目学校"行列,2003 年跻身"湖南省青少年篮球训练基地",2004 年成为"湖南省重点中学""湖南省素质教育示范性普通高中"。近年来,无论是教学管理还是教学质量,都取得了令人瞩目的成绩,特别是体育课余训练和竞技水平有了很大的提高。普高组男女篮球、田径、乒乓球等都处于前三强,先后两次代表岳阳市参加了省中学生篮球比赛和九运会的篮球比赛,都取得第四名的好成绩,在湖南省传统校田径运动会上获得了"6 金 5 银 9 铜"的好成绩。由于在省运会上的突出表现,先后有曹晶、蒋波、王雄、郑茂、王凯、何雨婷、钟沛丰、陈加兵等同学被高校特招。汨罗市第四十七届田径比赛,我校以 319 分领先第二名 32 分夺得团体总分第一。打破四项汨罗市田径纪录,达 11 项国家二级运动标准,夺得 14 项第一,7 项第二的优异成绩;校田径队在 2018 年岳阳市中学田径赛中捧回 4 金 7 银 5 铜,夺得团体总分 130 分,获团体第二名;校女子足球队代表岳阳参加湖南省第十三届全运会,夺得铜牌;校女子足球队于 2019 年参加湖南省第十三届中学生运动会足球比赛,夺得第四名;市第四十八届田径比赛,捧回 14 金 8 银 3 铜,破一项市中学生田径记录,9 项达国家二级标准,团体总分 315 分(超第二名 16 分)。女子健美操夺得汨罗市健美操比赛的第一名。这一切都说明了我校的体育运动生机勃勃,成绩斐然。

一、凭借"重"字,产生强大向心力

学校体育运动的蓬勃发展,关键在于学校领导对体育运动的高度重视。为了抓好学校体育工作，我校成立了以副校长李光明任组长、德育处杨勉励副主任为副组长的学校体育工作领导小组，狠抓学校体育工作。由于近年来冯丁伟、李光明、周辉林、杨勉励等同志，对体育组情有独钟，几乎每周参加体育组教研教改会议，提出很多指导意见，同时为我们的体育教学和训练解决了不少实际困难，提高了训练津贴，兑现了竞赛奖金，改善了训练条件，加强了对体育特长苗子的选拔。所有合理的体育活动经费开支，学校大开绿灯。更为可贵的是，冯丁伟校长亲自参加师生篮球、排球、乒乓球等比赛。省体育传统项目学校检查验收时，省体委领导给予我校"四个一流"的评价。

二、强调"齐"字，增强巨大推动力

俗话说，"力量从集体来""人心齐，泰山移"。我们体育组 11 位教师，团结一心，生活上互帮互助，工作上齐心协力，业务上以老带新，学习上能者为师，管理上齐抓共管。体育组是一个既团结和谐又互相促进、充满生机活力、奋发向上的学科组。教育局领导经常说："一中体育组是一个十分团结的集体，是一个能战斗的集体。"在早训和早操方面，我们分工明确，协调配合，齐抓共管。1 人负责总指挥，每个年级组派一名体育教师负责督查，三个年级的田径队分别由两名教练带训。下操后，各自督查自己的专业生，集中训练 10 分钟，然后因人而异，区别对待，一部分进教室读书，一部分继续训练 10 分钟后再回教室。有比赛任务时，则赛前集训两个月，时量是一、三、五整个早晨；高三年级的体育特长生，采用因材施教的办法，文化好而专业弱一些的学生，则延长训练时间；专业好而文化弱一些的学生，下操时回教室参加文化学习，以确保体育训练与文化学习两不误。专业生的专业成绩和文化成绩好像鸟儿的两翼，只有同时拍打，才能飞向理想的彼岸。

在大课间操活动安排方面，高三年级进行"趣味体育"，即体育游戏；高二年级进行体育素质练习；高一年级进行武术训练，男女篮球队进行篮球技术、战术训练；田径队进行力量素质练习，乒乓球队进行对抗训练。体育教师各就各位，分管组织指导工作。

每年举行一次校田径比赛,每月分别组织班级间排球、乒乓球、羽毛球、拔河、刀术、拳术、跳绳、广播操、队列队形、冬季越野赛等。这些活动的开展,既活跃了校园气氛,丰富了同学们的课余文化生活,调节紧张大脑,愉悦身心,又提高了竞技水平。每次比赛由各备课组长认真策划,全员筹备,并进行队员以及裁判员培训,教练员到位督查、指导,既提高了学生的能力,又培养了学生的创新思维。每次活动一结束,及时总结讲评。

三、突出"爱"字,不断强化凝聚力

要发展学校体育运动,运动员是主体,教练员必须对这个主体倾注爱心。"人马未动,粮草先行"。要想运动员茁壮成长,出好成绩,教练员必须重视运动员的衣食住行,特别是营养。我们教练员经常深入食堂了解运动员的伙食情况,及时和主管领导交换意见,及时采取措施。自2019年下学期开始,学校给体育特长生集中开周一至周五的晚餐,既确保每名运动员有热饭菜吃,也确保运动员的营养供给。

我校全体教练员视运动员为自己的孩子,非常关心、爱护运动员,训练前总是写好训练计划,为学生准备好茶水,搞好考勤,带好准备活动,训练中科学指导,严格要求,提高效益;训练后及时讲评,指明优劣,并让运动员做好充分的放松整理活动,及时消除运动员的疲劳、紧张心理,避免影响文化学习,避免伤害事故的发生。在具体指导和关心运动员的竞技时,教练员勇于花费心血。如黄拥军老师在带训跳跃组时,自己花钱买光盘,多次组织队员观看田径教学光盘,并及时讲评,运动员成绩上升快。作为田径主教练的我,带学生参加在郴州市五中举行的第八届省传统校田径比赛时,不顾酷暑与食宿条件,与运动员同住同吃一周时间。学生比赛时,我跟张明根老师头顶炎炎烈日,坐阵指挥。比赛一结束,及时为学生按摩放松,总结比赛过程中的成败与得失。如遇运动员交不起学费及生活费用时,教练员就解囊相助。这一切为我校体育竞技活动的开展注入了活力,提供了胜利的保证。

四、抓住"改"字,紧跟时代脉搏

我们全组成员在搞好本职工作的同时,做到教学相长,不时给自己充电,学习最新教育教学理念,更新知识,改革一系列制度、教法、训练方法。改革招生政策。采用年级备课组负责制,自己选、自己招、自己把关、自己训,三年一轮回,"称砣底下见高低"。这样,既加强了责任感、事业心,又充分调动了教练员的积极性。

改革课堂教学。依据教学大纲,结合本校实际,面向全体学生,全面提高身体素质,全面提高学生的积极性,增强参与意识,充分挖掘特长,重点突破拔尖同学。

改变单一的训练模式。根据《体育与健康教育》大纲,结合本校实际以及学生的兴趣与爱好,根据教师的个人特长及统筹安排,定人定项进行科学、系统、全面的训练。成立篮球、排球、足球、羽毛球、武术、健美操等多个类别的校队。定时训练,及时总结。

五、抓住"严"字,提高战斗力

松是害,严是爱。体育工作的开展同样需要一个"严"字。只有严于指导,严于管理,严格训练,学校的体育运动才会蓬勃健康地向前发展。

体育组全体成员在教研组长黄拥军(2019年下学期换为胡意志)、工会组长钟慕期两位老师的带领下,精诚团结、无私奉献。教练们严格要求自己,科学培训运动员。为了尽可能少耽误运动员的学习时间,赢得训练时间,不管严寒酷暑,总是按时起床,提前赶到训练场地,督促学生。充分利用双休日、寒暑假培训专业生。同时,还安排文化课教师对部分专业生进行文化补习。安排教练员轮流坐班。文化课的补习由教练员负责组织和考评。张明根、黄拥军(2019年下学期换成曾柯)、钟慕期三位老师分别担任三个年级体育备课组组长,每月对各年级组的运动员进行一次思想教育、专业训练讲评、文化学习总结,各队教练员随时跟运动员谈心,并相互反馈。教练员总是跟运动员摸爬滚打在一起,风雨无阻。有时,还去运动员家里做家访,到文化课老师处交换情况,制订下一目标的实施方案。

一分耕耘,一分收获。由于我们的共同努力,体育工作才有今天这样的成绩。但是,成绩属于过去。我们将立足于新的起点,虚心学习,争取更好的成绩。

浅论提高"双手前掷实心球"成绩的方法

练习实心球的方法有很多,方法不同,练习的目的也不同。原地双手前掷实心球,可以发展上肢、下肢、髂腰肌、腰腹肌、身体的协调用力能力,提高投掷能力,对长高、健美、健体,培养吃苦耐劳的意志、品质都有很大的益处。

一、掌握力的来源

1. 双脚蹬地的原动力。练习者两脚前后开立,两手握于腰后,提脚跟体会双脚蹬地产生出逆向向上的力(原动力)。

2. 甩腰鞭打时的再生力。练习者在前面的基础上,身体前后晃动体会腰腹部时甩动;身体成反弓型,脚蹬地换腿跳,上体用力向前上方鞭打甩动(再生力)。练习前,教师提示学生,回忆一下小时候玩弹弓、玩弓箭的情形,启发学生思考它们的原理所在。教师可教给学生用力的方法——教师站在练习者的左侧(右侧),右手(左手)适当用力推练习者的背部,左手(右手)随时准备托练习者的腹部,帮助练习者用力甩腰,防止向前方摔倒。

3. 双手挥臂外展的力。练习者在上面的基础上,两手徒手或持球于头部的后上方(肘关节稍弯),在前述的基础上用力向前上方挥臂(外展的力)。教师可继续启发学生回想撑杆跳高的动作原理,撑杆在外力的作用下,它的反弹力有多大,将人弹过几米高的横杆。

4. 双手抖腕的力。练习者在上述基础上,双手徒手或持球练习抖腕动作,体会抖腕的力。练习者要充分利用好这四力,让四力合一,产生最大的合力,注意好出手时间及出手高度,把握好抛物线的高度,将实心球向前上方掷。

二、辅助练习

1. 原地挺身跳,发展上下肢、腰腹肌,注意手臂由身体的两侧稍弯变成直臂向前上方挥起,带动身体向前上方腾空。身体由半蹲——反弓形展体——收腹半蹲。

2. 多级蛙跳,发展上下肢、腰腹肌、身体的协调用力能力,注意动作的协调性、连贯性。

3. 对墙前掷实心球,掌握出手的角度及抛物线高度。同时发展上下肢、腰腹力量。

4. 仰卧起坐、仰卧两头起、悬垂举腿,发展髂腰肌力量。

5. 仰卧前掷实心球,发展髂腰肌、上肢、腰腹力量。

6. 双手前后抛实心球,发展上下肢及腰腹力量,寻找与前掷实心球异同之处。

7. 反缠重锤、反握负重腕屈伸、握弹簧哑铃,发展手关节的屈肌群。

8. 正握负重腕屈伸、正缠重锤,发展手关节的伸肌群。

9. 屈体跳,发展上下肢、髂腰肌及腰腹肌。

10. 在画标志线的场地练习双手前掷实心球。

我在这里介绍了主要的十种练习方法,请大家在实施过程中一定要讲究循序渐进的原则,注意好练习强度和密度。

激发学生耐久跑兴趣的教学训练法

目前,学生身体素质继续呈下滑趋势,全面提高学生身体素质迫在眉睫。耐久跑是提高学生身体素质、培养刻苦锻炼、吃苦耐劳等意志、品质的好项目。但是,由于耐久跑的生理负荷量较大,动作单调枯燥,练习中参与者容易产生畏难情绪,一些"小皇帝""娇公主""娇公子"不能很好地配合老师完成教学、训练。

笔者根据多年的教学和训练积累,谈一些个人看法。

一、利用"明星"效应,激发学生兴趣

现在的学生,有许多属于追星族,教师可利用明星来激发学生兴趣。(教师启发)"我国哪位女子长跑运动员在第二十八届雅典奥运会上过五关斩六将,夺得金牌?""邢惠娜。"学生争先恐后地抢答。"她为国为民争光,值得我们崇拜、学习吗?""我们应该向她学习。""那我们就付诸行动吧!"同学们愉快地按老师的要求开始练习耐久跑。

二、巧设器械障碍,增强练习情趣

高中《体育与健康》第一册教材中有障碍跑教材,教师可根据学校场地、器材和学生实际情况,调整内容。在练习形式上,可采取以小组为单位,进行跨越障碍计时比赛,以增加趣味性和提高难度。当然,一定要注意安全,要体现集体意识,培养团队协作精神,杜绝事故发生。教师还可以发动同学利用跨栏架、标枪、体操垫、跳高架等器材在田径场中间,由同学自己创编图形路线进行障碍跑,他们的积极性会更高。

三、运用"意念法""念动法""想象法",激起学生的好奇心

如遇下雨或场地不好时,教师可运用"意念法""念动法""想象法",激起学生的好奇心,达到训练耐久跑的目的。

1. 原地定时计距跑。教师告诉学生在原地跑动中,想象站立式起跑,过弯道(身体姿势、手臂动作)进入直段,冲刺。

2. 原地定时摆臂。教师告诉学生原地摆臂想象跑800米或1500米,弯道如何跑(左臂摆动幅度小,右臂摆动幅度大),直段如何跑。

3. 原地定时高抬腿。教师要求学生原地高抬腿2分钟看谁动作好,做得久。

四、运用竞赛法,提高学生的竞争意识

学生的好胜心强,采用竞赛法进行耐久跑练习,引入竞争机制,提高学生争先恐后的竞争意识,充分调动学生锻炼的积极性。

五、运用"交叉"领跑法,提高学生的积极性

学生按照男女性别、体质强弱分组后,在不同的地方同时出发,

每名同学都力争领跑一段距离。当你领先时,你不能减速,后面的同学不能泄气,也要力争超人,然后领跑。同学们始终在一个你追我赶的氛围中跑,这样,无形中提高了同学们的练习积极性、耐力水平。

六、运用图形法,激发学生情绪

运用各种图形,让学生围绕行进路线做各种图形跑,如在篮球场、足球场、排球场、羽毛球场等各种线条进行,还有蛇形跑、螺旋形跑、对角线跑、八字形跑、五角形跑等各种新颖的图形,使学生感到有新意,练习情绪高。

"跳起外侧坐——越两杠挺身下"
常见问题及解决办法

练习"跳起外侧坐——越两杠挺身下"可以增进上肢、肩带及腰腹力量,提高空中定向、平衡及协调能力,培养学生不怕苦、不怕累的精神,树立克服困难、战胜困难的信心,提高自我保护的意识和能力。

这项内容是高中《体育与健康》中女生的学练内容,学生在练习中常常出现以下问题:

一、跳起外侧坐时难于上杠,且动作不协调,姿态不优美

原因:上肢力量差,腰腹力量不好,身体的协调能力跟不上。

办法:

1. 先选择矮杠,逐步到中杠、高杠,也可以在双杠中间放一条体操凳,让练习者借助凳子上杠。

2. 加强上肢力量练习,可以练习俯卧撑、引体向上、立卧撑、击掌俯卧撑、双杠上屈臂伸、地面上做两人一组的推小车、靠墙倒立。

3. 加强腰腹力量练习,可以练习仰卧起坐、仰卧两头起、仰卧交叉打腿、仰卧腿屈伸、俯卧两头起、直角支撑、原地或行进间高抬腿、原地挺身跳、支撑腿屈伸、立定跳远。

4. 单杠或双杠、肋木上做悬垂屈腿练习。

二、外侧坐杠时,动作不到位、腿伸不直

原因:对外侧坐杠了解不清楚,辅助练习做少了,保护帮助没到位。

办法:

1. 原地做前后踢(摆)腿的练习,要求以髋关节为轴,直腿前后踢或摆动练习,脚面绷平,绷直脚尖。

2. 在80~90厘米高的跳箱上做外侧坐的练习。

3. 教师或同学帮助练习者将腿拉直。

4. 练习者左(右)腿的大腿外侧坐杠后,教师可以拿一把直尺贴放在练习者的右(左)腿上,帮助练习者判断腿是否伸直了。

三、越杠时臀部触杠,两腿分开且弯曲

原因:练习者有害怕的心理,上下肢、腰腹力量欠佳,不会用力。

办法:

1. 原地做腰腹练习,要求练习者两脚并拢伸直,两手体前交叉,用手掌触地或两手抱小腿,上体前倾,用胸部触两腿。

2. 原地两脚并拢做向上提脚后跟的练习。

3. 两人一组(或单手扶单、双杠或肋木)做前后踢(摆)腿的练习。

4. 保护下,练习者做越杠动作。(以坐右杠为例)保护者站在练习者的右侧前方,左手握练习者右上臂,右手托练习者的右大腿,帮助练习者越杠。教师可以先教练习者在杠上体会摆右腿,然后并到左腿小腿,再越杠,掌握这"一、二、三"节奏。

5. 教师帮助练习者掌握主要的两种力:一是动力支撑反作用力;二是器械的变形弹力。当这两种力大于体重时,身体即腾起。因此,应加大大腿、臀部和手臂对双杠的压力,还要熟悉器械,掌握双杠的弹力性能。

6. 强调练习者坐杠时上体稍后移,两手于体后用力撑杠,两腿迅速并拢向左侧前方摆起,身体重心左移越过两杠。

四、越杠时不会换手

原因:存在害怕心理,没有掌握好用力顺序。

办法:

1. 教师示范双手向右或左推杠,然后换握杠,要求学生模仿。

2. 动员练习者树立自信心,克服害怕心理。

3. 强调练习者越杠时换手握杠,增强身体落地的稳度。

4. 仰卧支撑在地面或体操垫上,然后推手到俯身支撑。

五、挺身动作不明显,下落时站不稳

原因:空中定向和平衡能力欠佳,不会做屈膝缓冲动作。

办法:

1. 原地挺身跳,强化练习者挺身后屈双膝,前脚掌先触地,缓冲站稳。

2. 强调练习者挺身下必须换手握杠、双膝弯曲,双脚同时落地;站稳后左臂侧举,再伸直两腿成侧立。

脱离运动场地跑道的短跑训练法

短跑是指 400 米以内(含 400 米)的一些短距离径赛项目。《学生体质健康标准(试行方案)》中,小学三、四年级必测 50 米跑;小学五、六年级、初中及以上各年级(含大学)选测项目中有 50 米跑;各级各类田径比赛中一般都设有 100 米、200 米、400 米项目,部分省市体育专业高考中有 100 米这项素质项目,还可选取 200 米、400 米做专项。有些教师及教练员只注意到运动场上训练短跑,而忽视了运动场地跑道以外的一些训练短跑的方法。笔者从三十年的教学及训练中,摸索出以下脱离运动场地跑道的短跑训练法,可适用于下雨或没有运动场地的时候来训练短跑。

一、原地摆臂

30~50 秒的原地徒手摆臂练习 5~6 组,10~30 秒的手持哑铃摆臂练习 3~4 组,要求动作由慢到快,摆臂轻松、自然、协调。

二、原地抬腿练习

单腿定数(40 次)计时,或定时(30 秒)计数,左、右两腿轮换,要求大腿向上抬起与地面平行,支撑腿踝关节向上提起,手臂轻松自然协调摆动。

三、仰卧双脚做"蹬车轮练习"

练习者仰卧在体操垫，双脚做"蹬车轮"动作练习，可发展髂腰肌及膝关节力量，提高髋关节的灵活性。要求练习由慢到快，既可定时计数做，也可定数计时做。

四、仰卧"打腿"

练习者仰卧在体操垫上，两臂放于身体的两侧，两腿上下交替"打腿"即"剪绞"动作，可发展腰腹肌、髂腰肌，以及髋关节的灵活性，要求练习者两腿轻松自然协调地上下交替，并且由慢到快，既可定时计数，也可定数计时。

五、原地高抬腿跑

要求练习者手臂前后轻松自然协调地摆动，大腿与地面平行，上体与大腿、大腿与小腿、小腿与地面三个垂直（上体也可稍微前倾），支撑腿必须伸直且踝关节要连续做屈伸动作，保持高重心。

六、蹬腿练习（也叫腿屈伸）

练习者手扶栏杆、器械或手撑地面做蹬腿练习（腿屈伸练习），可发展前抬、后蹬及腰腹肌、髂腰肌的力量，要求摆动腿尽量向前上方收紧，后蹬腿的髋、膝、踝要充分蹬伸。既可定时（30～50秒）计数做，也可定数（单腿30～40次）计时做。

七、原地后踢腿跑

练习者在原地轻松自然协调地做后踢腿的练习，可发展跑步时腿的后折，注意做到高重心。

八、跑台阶或楼梯

练习者向上快速跑，下来时放松慢跑或走下，可发展步频及后蹬力量。

九、跳绳

既可原地跳，也可行进间跳，发展步频、身体的协调能力，既可定时（60秒）计数跳，也可定数（150～200次）计时跳。

十、单脚支撑蹲立

练习者手扶栏杆、器械或徒手做单脚支撑蹲立练习,发展下肢力量,特别是膝关节力量。

十一、跑的辅助练习

利用平整空地做行进间小步跑、高抬腿跑、后蹬跑、后踢腿跑、车轮跑(30 米,3～5 组)接中速跑,也可原地小步跑,高抬腿跑接加速跑。

十二、上坡跑

选择3°～5°的斜坡进行上坡跑,发展前抬、后蹬能力,增大步幅。

十三、下坡跑

选择3°～5°的平整下坡,练习下坡跑,发展步频,让练习者体会借助下滑力跑步的感觉,让他们感受在平路上不能感受的那种感觉(助力牵引跑、顺风跑除外)。

十四、牵引跑

让跑得快的同学牵着练习者跑(助力牵引跑)或让练习者牵着轮胎跑(负重牵引跑)。

十五、顺风跑

借助风力推着练习者跑,让练习者感受跑道上难于感受到的那种感觉,发展频率。

十六、在跑步机上练跑步

训练步频和下肢力量。显示屏上可显示练习者跑步的步频、练习时间、跑步的距离等。

体育教师自我保健法

体育教师的工作环境绝大多数是在室外。夏天,他们头顶烈日;冬天,他们身受刺骨寒风,寒来暑往,饱受风吹日晒。工作性质决定他们必须既要具备丰富的理论知识,又要具备娴熟的技术动作做示范。岁月不饶人,寒暑催人老。体育教师要永葆青春活力,自我保健不可忽视。

一、嗓子的保护

体育教师在上课集合、讲解时经常面对风向(教学常规中要求学生集合要背风、背阳、背干扰),由于风力的作用,逆向讲解时很费力。如果没有很好的嗓音,面对全班(55人左右)讲解要领、强调要求,站在后面的同学就无法听清楚。再加之室外难免有点干扰,大多数又是连堂课。所以,体育教师要做到少喝酒、不抽烟、不嚼槟榔;每上完一节体育课,要用清水或凉茶清洗口腔、湿润喉咙;早晚漱口时,可适当加些盐水杀菌;必要时吃点金嗓子喉片、草珊瑚含片;在夏天还要饮用麦冬、参须、夏桑菊、板蓝根等冲剂,既可降火、消炎解暑,又能保护嗓子。另外,还要经常用开水或盐水清洗口哨。

二、眼睛的保护

眼睛是心灵的窗口。体育教师的职业特点离不开跑、跳、投、跨等动作,配戴眼镜很不方便。所以,保护好自己的眼睛尤为重要。

1. 大雾、大风天气尽可能不要组织学生晨跑或做广播操。雾气里、大风中灰尘、细菌较多,不益于身心健康,特别是对眼睛的危害较大。

2. 学生要背阳,那么教师就有可能正对太阳光的照射,教师要选戴防紫外线的太阳镜。

3. 经常用生理盐水清洗外眼部。

4. 不要用手擦眼睛,防细菌感染,特别是沙眼。

5. 不要熬夜。

6.必要时,家里备用合适的眼药水。

三、胃、肠的保护

胃和肠是身体消化系统的主要器官,担负着对食物的消化和吸收功能。"胃病七分养,三分治。"

1.养成按摩的习惯。每天起床后,先搓热手掌,然后用热手掌按摩自己的腹部,从而保持腹腔的热度,促使血液循环。

2.养成饮用温开水的习惯。每天清晨起床后,先漱口,然后喝一杯温开水,这样能够很好地保护胃和肠。

3.养成定时定量的饮食习惯。不要暴饮暴食,不要剧烈运动之后马上进食或喝饮料、凉茶,要先休息几分钟到十几分钟;同时,饮食后不宜马上从事运动,特别是剧烈运动(最好半小时之后)。

4.养成少饮酒、不抽烟的习惯。烟和酒对胃黏膜的损害很大,烟使胃黏膜的微血管收缩缺血,胃分泌失常。酒,特别是高酒精含量的白酒,会直接刺激和损害胃黏膜,影响胃的分泌和蠕动。

5.养成积极心态的好习惯。心情愉快有益于健胃、肠。

四、肾的保护

1.养成按摩拍打的好习惯,每天起床后,用两空心掌拍打或按摩自己的两肾区域。

2.注意心情的调控。

3.注意节制。

五、强健体魄,充沛精力,青春活力的保护

"养身在于动,养心在于静。"体育教师每天清晨要进行慢跑,然后活动关节、压腿、拉韧带;做俯卧撑、引体向上等身体素质练习,然后再组织学生出操,专业生训练;养成"冷脸热脚"的卫生习惯,不管春夏秋冬,都要用冷水洗脸(擦脸),养成用热水洗脚(泡脚)的习惯;养成"干洗脸干梳头"的卫生习惯。一年四季要坚持用干净的双手做"干洗脸干梳头"的练习,有益于护容养颜健体;养成控制情绪的好习惯,我国自古就有"喜伤心""怒伤肝""思伤脾""忧伤肺""恐伤肾"之说。"笑一笑,十年少,愁一愁,白了头",要保持积极向上的心态,养成好学的习惯,勤学习,勤动脑,紧跟时代的脚步,永葆青春与活力。

4×100米接力赛中常见的错误及产生原因和纠正方法

接力赛是田径比赛中唯一的集体项目。通常有4×60米、4×100米、4×200米、4×400米等接力项目。接力赛能培养学生的团队意识和集体协作精神。它既要求个人素质,更注重团体的默契配合,最佳境界就是交接棒接近个人的最高速度,并且两人之间配合默契。笔者在多年的教学和训练中,总结4×100米接力赛中常见的错误及产生原因及纠正方法:

一、安排不当

错误:棒次安排不合理,没有充分挖掘、利用和发挥每个运动员的水平。

原因:教练员对运动员的情况不甚了解,或者说,研究不够深,不够透,没有做到人尽其才。

纠正办法:教练员要清楚运动员,研究运动员。第一棒运动员要在弯道上起跑,要跑106～108米的距离。因而,第一棒应选择起跑技术和弯道跑技术良好的运动员。第二棒运动员要在直道上跑126～128米距离(是四棒中最长的距离),因而要选择速度和速度耐力好的运动员,一般是优秀的200米运动员担任这一棒。第三棒运动员要具备弯道技术好和速度耐力好的条件,要求比较全面。第四棒运动员跑106～108米最紧张的距离,因而这一棒要选择有良好的心理素质和顽强拼搏精神,以及速度最快的运动员担任。

二、前后撞车

错误:交接棒运动员前后相撞,互相干扰。

原因:没有错肩站立及错肩交接。

纠正办法:跑道宽一般是1.22米,交接棒的方式一般采用下压式,交接棒运动员在训练时要达成协议,左右错肩站在跑道的两侧,形成"动力定型"。

三、交接缓慢

错误:交接棒时,动作缓慢,影响速度。

原因:技术不熟练,技术动作没定型。

纠正办法:第一,在原地练摆臂,再听节奏发出"接"或"嘿"等信号。第二,每两个运动员一组,在原地前后错肩站立,然后将摆动的手臂向前做交棒的动作练习。第三,在跑道上进行慢跑交接,一轮次后,第四棒的运动员将棒放在地上,四人继续向前跑进,待第一棒拾起棒后,再次进行。第四,交棒人不能减速交棒,而应该在保持高速下交接。第五,接棒人也不要担心交棒人赶不上而降速。

四、区外交接

错误:未进接力区进行交接或跑出接力区才完成交接。

原因:运动员不很清楚"接力区"这个概念,交接时间没有把握好。

纠正办法:运动员必须明确 20 米接力区,在接力区的正中间有一根中心线,运动员在练习时要做好标记,分别在接力区后限线后面和接力区前限线后面各做一个标记。最为理想的接力区应在接力区前段 17~18 米处,如果传棒运动员的速度水平低,可采取提前交接棒的方法,即二人一进接力区后就完成交接棒。这样做,可让速度和耐力较差的运动员少跑一些距离。

五、移棒跑进

错误:持棒人在跑进接力区后边跑边移动手中棒。

原因:接棒时错了手或者接棒时没有握到适当的位置,没有握牢或不便于交棒。

纠正办法:第一,交接方法不对,要正确掌握上挑式、下压式或混合式等交接方法;第二,反复练习所选取的交接方法,形成技术定型,不能带有随意性。

高中体育分层教学模式的实验

教育要以人为本,要面向全体学生,体育教学面对身体素质、运动能力、心智发展各异的学生,就必须采取有效的教学方式,使每个学生受益。分层教学就是在"因材施教"和"分组教学"的基础上,将学生各自的差异作为既定的依据,按教学目标、内容、要求、方式、方法等内容实施不同的设计,旨在使每个学生在教学过程中,都能得到最大的关注和最适宜的发展。

一、分层教学的方式

分层教学是在充分考虑"因材施教"的教学理念后,根据目前我国教育的现实状况,在实践中逐渐探索出来的一种新的教学方法。它是根据教学总目标"将不同的教学对象按相关影响因素分成若干不同的教学层次",对不同的教学层次提出相应的教学目标和要求采取不同的教学方法,从而实现中学体育教学的最终目标。

高一新生入学后,体育教师首先向学生讲解高中体育课的学习内容、目的、意义、作用,并介绍根据本校实际情况开展的特色项目。然后组织学生测试身体素质、运动技能,结合思品素质、男女性别喜好和擅长项目等,将学生分成不同的层次:试验班、提高班、基础班三类。(男、女各分三类)按照这样的分班,可以将同一水平的学生基本分在一组,最大限度地照顾学生的能力和兴趣。

二、分层教学的意义及实施

1.激发学生运动兴趣,形成愉悦的课堂氛围

体育兴趣是学生为求积极和优先从事活动的心理倾向,它是参与体育活动需要相互联系的意向活动,是个性最直接的体现。兴趣来自生活体验,每个学生都有独立的个性,其表现方式也呈现多样化。在体育课中,学生在实践中容易把生活体验带到学习中来,而个性因素往往制约了表现方式。比如,好动的学生对任何体育活动都非常感兴趣,但其组

织纪律性的意识不强;内向的孩子参与集体活动的意识较弱;学生只凭个人兴趣有选择地进行活动。因此,教师要在了解学生的基础上,与每一个学生建立一种合作与互动的关系,真诚、平等地对待每一名学生,通过合理的分层教学模式,尽量满足绝大多数学生的需求和爱好,使体育课堂成为学生充分展示兴趣的舞台。

具体实施过程中,要营造一个轻松、愉悦的课堂氛围,针对不同层面的教学内容设置相应的情境,因为情境教学也是培养学生健全人格和正确人生观的一个重要手段。特别是对于新生,好奇心、求知欲比较强,兴趣也比较容易激发和转化。因此,教师选择内容时也应多样化,从学生心理和生活出发,多选择一些学生感兴趣的内容,趣味性强的运动项目,运用不同的教学手法加以引导和转变,让学生敞开心扉,融入到老师设置的情境中,激励学生主动参加体育活动,并且在实践中体验到体育学习带来的无穷快乐。

2.转变观念,发挥学生的主体意识

学生是认识活动的主体,一切教育教学的影响,只有通过学生自身的活动才能为其接受。教师是主导者、组织者,他对整个课堂起调控作用,只有通过教师,才能达到信息的交流和沟通。

主体性教学的学生观告诉我们:没有差生而只存在互相差异的学生。我们关注学生个性发展,提倡个性发展,更要理解个性发展,个性发展并非教师依照每个学生的意愿进行针对其个人的教学,学生喜欢什么学什么;而是根据学生的心理特点,尊重其主体感受,发挥其主体作用。特别是有的学校,场地、器材受到限制,许多方面还不能满足学生活动的需求,而且许多班级同时上课,导致教学上很被动,讲得多,动得少,不注重学生的感受,更谈不上以学生为主体进行教学。因此,教师要转变观念,课堂上必须把学生摆在主体位置上,针对差异启发引导,独立探讨,获取知识,真正体验到亲自参与掌握知识的情感,产生愉悦的情感体验,把体育学习看成一种既紧张又愉快的活动,从而积极地投入到学习中去。

体育教育要生活化,教师在教学的应用中也要转变思想,抛开传统教育模式的束缚,从增进学生健康这一目标出发,认真分析教材特点,仔细研究教法,最大限度地适应学生的需要,因材施教,充分展示其个性天赋,鼓励学生自觉、主动地进行创造性的学习。在跳绳课中,把花样跳绳的设计问题交给学生,鼓励学生开动脑筋,积极思维。需要注意的是,我们所追求的发展是放在整体教学的角度上,以学生整体发展为导向,以整体活动促进个性发展,并不是偏激地由学生随意放纵,进行"放羊式"教学。一个优秀的体育教师应该表现在对学生差异的充分认识,对教学目标的充分理解,对客体价值的充分挖掘,对教学方法的充分运用,并在此基础上,将学生合理分层进行教学。

3.建立平等的师生关系,注重学生创新能力的培养

体育教学是以实践课为主体的一门课程。在教学过程中,教师与不同层次的学生一起练习、游戏、比赛,共同分享胜利和快乐。学生的感受是最真实的感受,学生的评价是最贴切的评价。教师自身素质是建立良好师生关系的必要条件,体育教师应从学生的角度去审视自己,不断提高自身的素质。教师和学生的地位是平等的,两者之间存在着教师的教和学生的学的教育关系。体育教师必须树立正确的学生观,与学生民主、平等地进行合作交流。而不是高高在上、居高临下地进行"填鸭式""灌输式"的教学。同一层次的学生在学习过程中,能充分理解、感悟、掌握教师传授的知识和技能,而尊重学生个性发展的教师,又能赢得学生充分的信任和尊敬,这种和谐、平等的师生关系,为学生积极参与活动、思维、创新打下了良好的基础,创造了条件。

4.运用多种教学方法,提高学生学习的趣味性

以往的体育课一般采用开始部分、准备部分、基本部分和结束部分,后来又改成了三段式教学程序,即开始与准备部分、基本部分和结束部分,这些简单的变化实际上就是换汤不换药。单一的教学方式、方法使得活泼好动的高中生在体育课中不能找到愉悦和快乐。在分层教学模式中,可以针对体育能力和学识水平不同的学生,采用灵活多样的方法和富有趣味性的教学形式。只有这样,学生才能感

到体育活动的无限快乐。

三、分层教学的注意事项

1. 分层教学模式必须要在科学、合理分层的基础之上实施，必须充分考虑学生的身体素质、身体形态、运动能力、兴趣爱好等，教师和教材内容的特点，以及本校的特色发展和现实状况。分层要注重以"学生为主体、教师为主导"的教学理念，要树立以人为本，健康第一、终身体育的观念。

2. 高中体育教学的分层教学模式，必须要将评价纳入其中，评价的分层应该相对应地将成绩和体能，以及学生未来的发展程度相结合，合理地利用评价对学生进行正确的引导。作为体育教师，只有转变观念，以科学的态度和求真的精神来研究每一个预设和假想情境、每一个过程，采用形式多样的教学方法，才能不断地激发学生的创新欲望，让学生发挥各自的想象力和创造力。这才是我们采用分层教学所倡导的高效课堂的真谛。

论素质教育下体育教学中美学教育的渗透

什么叫美学？美学是研究人对现实的审美关系的科学。美学的基本问题有美的本质、审美意识和审美对象的关系问题等。由于审美的主体是人，所以，美学还以人的心理和生理活动为出发点，据以探讨美的形成的特殊规律。美学是 1950 年德国的鲍姆加登发表《美学》后，才成为一门独立科学的。素质教育下如何在体育教学中渗透美学教育呢？笔者认为有以下几个方面：

一、建立和谐的情感交流

和谐的情感交流是体育教学中的首要标志，它是打开师生心智活动大门的一把"金钥匙"。情感交流使他们的一切参与课堂活动的心智因素都积极发挥作用，使学生对知识领会得快，理解得深，记忆得牢,学习收获往往大于教师的讲授内容,使学生思想品德和情感都受到培养和陶冶。

和谐的情感交流,一方面能够充分调动教师授课的积极性,使教师态度耐心和蔼,思维活跃敏捷,授课生动有趣,引人入胜;另一方面,也能够调动学生听课的主动性、练习的积极性、思维的创新性,使他们感到愉快、主动、精神集中而不知疲倦。缺乏和谐的感情交流的课堂,会给师生增加一种沉重的压抑感,使人打不起精神,提不起兴趣,甚至感到枯燥、乏味。这种课堂甚至引起学生的不满和反感情绪,把精力集中在找教师的毛病上,而对教师的讲授内容、示范动作,视而不见、听而未闻。在这种师生敌对的情绪中,不管教师的知识基础多么厚实,运动技术动作多么娴熟,学生的接受能力多么高,实际上都无济于事。

二、营造热烈、轻松而有秩序的课堂气氛

课堂教学作为一种集体的学习活动,必须要有统一的步调和秩序,混乱的秩序是破坏课堂效果的大敌。有时课堂秩序不好,学生交头接耳、打打吵吵、做怪动作、发怪声音等,弄得哄堂大笑。这样的秩序,无论如何也不能收到应有的美学教育效果。但是,严肃的课堂秩序,又不是死气沉沉、毫无生气,必须与学生的积极思考、主动发言、大胆出列结合起来。例如,上投掷课,如果课堂秩序不好,不但影响质量,而且还可能发生危险事故。有的教师用严厉的态度、愤怒的批评和不留情的惩罚换来的课堂秩序,不但对提高教学效果无用,而且也会失去美学教育意义。课堂作为有秩序的整体,应该是学生发挥个人学习主动性,按照自己的个性特长进行学习和审美的集体。它的气氛应该是"多样的统一",是热烈而轻松的,应该是学生发挥个性特长,主动思考、练习的结果,而不是刻板的一致。这样的课堂气氛,能够给师生以美学享受,学习、练习紧张而无沉重、疲劳之感。

三、创造疏密相间、张弛结合、节奏良好的课堂环境

课堂节奏是为了适应学生学习的心理特点而对教学进度与结构做出的艺术化的安排和调整。课堂教学进度是教学内容与教学时间

的统一。必须在突出重点、突破难点的前提下，使传授的信息量有疏有密，时间分配有快有慢。密时使学生感到紧张，疏时使学生感到轻松，疏密相间，错落有致，这是体育教学的一大特点。强度、密度处理得好，就能使学生注意力集中而不感到疲劳乏味。课堂教学节奏的审美化、艺术化安排，能够克服课堂的沉闷感，给学生带来精神上的振奋和愉悦，它带给学生的审美享受，往往不亚于艺术。

四、培养学生美好的心灵

心灵美是人的内在美，也就是指人的思想、品德和情操的美，它决定一个人美与丑的本质。在体育教学中，教师起主导作用，学生起主体作用。学生在练习时，出现了为达到自己多练的目的而插队的这种情况时，教师应先肯定插队学生的求知欲、练习的积极性、主动性，然后及时提醒插队学生不要为了个人而影响集体；在富有竞争和对抗性的游戏和比赛活动中，有的学生为了使本队或个人取得胜利，就违反游戏或比赛规则，来实现自己的愿望。教师不能轻易放过，应利用适当时机开展思想品德教育，对遵守比赛规则，又能夺取胜利的小组或个人，及时予以表扬和鼓励，培养学生美好的心灵。

五、引导学生构建美的概念，获得健美的体格

马克思说过："社会的进步就是人类对美的追求的结晶。""爱美之心，人皆有之。"大凡美的东西，人总是喜欢的，人更表现为喜欢和追求自身的完善健美。古希腊哲学家德谟克利特说："身体的美，若不与聪明才智相结合，是某种动物性的东西。"谓"充内形外之美"才充分表达了人类追求人体美的真正含义。人体美应当是健、力、美的结合，应当是外在美和内在美的结合。体育丰富美学，美学促进体育。在体育教学中塑造学生健美的体魄至关重要。在讲授前，教师可展示图片资料，帮助学生弄清什么是健美，什么是健美的体格，告诉他们健美体格的形成必须靠持之以恒的锻炼，养成正确的坐、立、行姿势，从而形成健美的体格。对那些不注意培养健美习惯的学生，要找他们谈心，帮助他们分析原因，使他们自觉养成健美习惯。

六、有机地把音乐、舞蹈、健美操、韵律操运用到体育教学中来

在体育教学中,音乐、舞蹈、健美操、韵律操既可做准备活动,也可做放松整理活动。音乐在美国被称为"文雅的劝说者",听音乐会促使人的肾上腺素进入血液,从而导致大脑的兴奋,达到内脏器官适应运动器官,同时也能消除疲劳;听音乐还有利于提高学生的活动情绪,振作精神,集中注意力。

舞蹈、健美操、韵律操比生活中的动作表现得有节奏,有韵律感,富有扩张性,它表现的体态更加完善、完美,能够给人以艺术上的享受,使人们从中获得美感。在剧烈的短跑之后,靠体力和意志品质顽强拼搏的中长跑之后,激烈的球赛之后,重复练习投掷项目之后……听一曲音乐或跳一支华尔兹舞,学生的紧张、疲倦之体随即轻松下来,心情愉快了。优美的音乐、舞蹈可以陶冶情操,丰富感情,提高运动的协调性和韵律感。同时,心理上也得到美的享受。

七、教师的言行要对学生有美的感染力

在体育教学中,教师是施教者,发挥着主导作用。一方面,按照既定的教学计划和教学内容向学生"传道、授业、解惑";另一方面,又以自身的道德、学问、情操、仪表影响学生,起着潜移默化的作用。乌申斯基说:"教师个人的范例,对于青年人的心灵,是任何东西都不可能代替的最有用的阳光。"

青少年学生正处于成长时期,求知和成才的愿望,使他们具有"向师性"的心理。这种心理使学生把他们尊敬与爱戴的教师,视为自己效法的楷模,不仅是他们所传授的知识,而且连他们的人品、道德、仪态、举止、兴趣、爱好,都会引起学生的钦慕和向往。优秀教师的教学和生活形象,在学生心目中是美的形象,具有深刻的审美陶冶和熏染力量,著名的"皮格马利翁效应"("教师期待效应")就建立在师生之间这种特殊的心理和情感关系上。教师以身作则,为人师表,身正为范,"燃烧自己,照亮别人",教师不知疲倦的教诲行为,都会使学生在精神上、感情上受到教育、激发。"亲其师,信其道",从而产生出巨大的审美教育作用。

浅论素质教育下中学体育教学改革

中学体育教学作为学校教育的一个重要方面,全面贯彻落实素质教育,大胆进行教学改革,势在必行。要解决好这个问题,需要广大体育工作者不懈地探讨和在实践中去摸索。

过去,我国的体育教学思想受到外来文化的影响较深。从1903年开设体操科到五四运动(1919年)推行的是德、日资本主义的军国主义体育思想。从五四运动到20世纪30年代,推行的是欧美的自然主义与实用主义体育思想。从抗日战争到解放战争,推行的是一种战时体育思想,主张国术、军事、体育三位一体,实际上是一种民族主义体育思想。20世纪50年代学苏联,20世纪50年代末到20世纪60年代中期,试图建立自己的东西,但刚起步,就因"文革"而中断。20世纪70年代末到20世纪80年代中期转学欧美。20世纪80年代后期,因反对资产阶级自由化,再折回来学苏联与东欧。接着东欧剧变,苏联解体,再转过头来学日本。总之,外来的东西多,自己的东西少。但不管怎么说,随着社会的进步,我国的体育教学思想也逐步有自己的新东西。例如,在教学目标上,强调社会需要与个体需要相结合,育体与育心相结合,近期效益与远期效益相结合;教材从无到有,师资队伍水平提高很快。体育作为独立的学科取得了很大进步。

当前,我国推出的中小学体育教学实践课的各种模式(也称特色课)有很多。其中包括快乐体育教学模式、成功体育教学模式、体能教学模式、体育技能教学模式、主体性教学模式、合作竞争教学模式,等等。

国内外公认的、典型的、有代表性的优秀体育教学方法有讲解法、示范法、分解法、变换法、循环法、程序法、恢复法、游戏法、比赛法、念动法、自学法等。

在体育教学改革中,应注意以下几方面:

一、教材内容的选定避免走极端

近几年来,为了贯彻素质教育,许多地方大胆进行体育教材内容的变更,减少了"大纲"中一些难度大、场地器材要求高的素质性运动项目,增添了许多带有地方特色的民间民族体育项目,为体育教学的改革创出了一条新路子。但是,也出现了过分强调竞技体育的种种不利因素,也有全面否定竞技体育项目教学的趋势。这是一种极端主义的思潮。

体育是一个整体,离开竞技体育,就失去了先导和魅力;离开了群众体育,就失去了根基和支柱,它们是相辅相成、互相促进的。根据《学校体育工作条例》的要求,学校体育工作应面向全体学生,应坚持普及与提高相结合,提高学生运动技术水平,为国家培养体育后备人才。中学体育课教学更应该正确对待竞技体育与全面提高的关系,避免出现极端的现象。

二、主体性体育教学并不等于"放羊式"教学

中华人民共和国成立以来,中学体育课的教学都仿照20世纪50年代苏联的教学模式来进行,其主要特点以生理指标为基准,课堂教学依照开始、准备、授课、结束四个部分进行。课程秩序井然有序,教材选定比较统一。缺点是其学生的主体性不能够充分发挥;模仿练习,对所应掌握的动作技术一知半解,不能发展创造性思维,主动参与性不强。主体性体育教学的最大特点:面向全体学生,充分发挥每个学生的主体作用和想象力,发展创造性思维,让学生在练习中思考,在思考中提高,掌握动作技能的内在联系和基本原理,能激发学生的兴趣,调动积极参与的热情。但是,这种教学仍存在许多有待解决的问题。

1.课堂组织难度大。每班每个学生的先天条件、身体素质、运动能力及自我约束能力存在差异,对体育的认识、兴趣,以及进取心和意志力都不同。所以无论教材的选定和课堂的组织形式,都是需要花大力气进行课前构思调查、掌握,才能解决问题。

2.教材、教具的配套问题。要学生发挥自我优势、实现自我调

控、积极练习,没有充足的练习器械是无法达到这一目的的。而目前能够达到国家规定的中学并不多。

3.教材教法的多样性和教师素质的局限性,将使课程的目的、任务难以达到和完成。若不能妥善解决以上三个方面的问题,盲目进行教学,在部分学生发挥主体性、独立性和创造性的同时,就会出现有部分学生由于认识和兴趣等原因,消极怠工、各行其是、自由散漫、练习无章法,成了名副其实的"放羊式"教学。

例如,"快乐体育教学模式",在推行过程中,从形式上看,不过是"做几件器械,让学生去玩一玩"而已。但从体育教学改革的角度来看,它有着丰富的素质教育的内涵。

一是快乐体育以提高学生综合素质为目的。通过开展快乐体育活动,能够激发学生对体育活动的兴趣。调动学生自觉锻炼的积极性,使学生身体健康、朝气蓬勃、精力充沛,进而提高课堂教学效率,有利于达到提高学生综合素质,全面提高教学质量的目的。开展快乐体育活动以来,教师们普遍反映,学生们更有生气了,课堂上注意力更集中、教学效果更好了。

二是快乐体育面向全体学生。实施德、智、体、美、劳全面发展的素质教育,不是面向少数学生的教育,而是面向全体学生的教育。反观我们的体育和活动课教学,过去存在"三多三少"的倾向:课堂上讲得多,课外练得少;竞技项目多,健身活动少;学生看得多,亲身参与少。为了纠正这种倾向,我们曾经花费不少的精力,但收效甚微。建造快乐体育园地,充分利用学校的边角地,合理安排和配置各种体育设施,把体育与娱乐有机地结合起来。有效地扩大了学生参加体育活动的人数、项目和空间,充分调动了全体学生参与各种体育锻炼的主动性、积极性,从而大大增强了学生的体育意识和竞争精神。对于增强学生体质,挖掘学生潜能,发展学生个性,奠定了体能和心智的基础。

三是快乐体育从激发学生对体育的兴趣着手,变"厌学"为"乐学",变"苦练"为"乐练",变"要我练"为"我要练",较好地激发了学生的参与意识,让学生享受到体育的乐趣,体验到成功和进步的喜悦,进而增强学生的自信心。这种自信心迁移到学习上,又增强了学生克服困难的勇气,促进了教学质量的提高。过去,学生视体育锻炼为畏途。虽然反复宣传,多方组织,运动场上总是人迹寥寥、冷冷清清,教育部提出的要求每天一小时的课外活动很难落实。现在,从清晨到黄昏,学生们都踊跃地到操场上参加丰富多彩的体育活动,变过去寂静的操场为现在的人声鼎沸。结合素质教育的目标,通过组织学习、讨论、观看录像等,很快提高了教师,特别是体育教师对快乐体育的认识。大家一致认识到推行"快乐体育",对于全面实施素质教育,加快体育教学改革,是一项投资少、见效快的有效途径。要推行"快乐体育",把学生从教室吸引到操场上去,光靠口头宣传、鼓动是远远不够的,必须真抓实干,切切实实地付诸实际行动。在"快乐体育"园地建成后,同学们欣喜异常,竞相登场,也不免引发一些争执、吵闹,甚至发生磕碰之类事故。这就给我们带来一个新问题:如何加强管理,使学生活动由无序变为有序,由个人活动变为集体活动,如何切实保障学生安全,让学生玩得开心,教师放心。

我们的做法:

1. 针对部分学生年龄小、身材矮小、不会玩、容易发生事故的情况,一方面,增强安全意识和防范事故能力,增强学生的理解认识能力;另一方面,通过教师现场指导,体育骨干及高年级学生帮带后进生及低年级学生等方式,手把手地教,使低年龄同学或身材矮小同学及后进生较快地掌握器械操作安全要领,杜绝发生事故。

2. 针对人数多、场地器材少,我们将活动课以年级、班级为单位,分期分批活动。同时,添置一些小型多样便于课间操作的小器材。例如,球类、绳类(跳绳、拔河绳)、棋类、棒类器械加上学生自备文体用品,基本上保证了每个学生无论课间还是课外都能参与到自己喜爱的活动中去。

3. 针对学生的活动水平,我们根据学生的爱好,组织了篮球、足球、排球、兵乓球、羽毛球、踢毽、跳绳、健美操、武术、飞碟等兴趣小组,并指派教师及体育骨干予以辅导。同时还开展一些竞技活动,如

"万米越野赛、攀爬、拔河、健身车"等活动,进一步激发和巩固了学生的参与兴趣,培养了学生的集体荣誉感和竞争精神。

浅谈对体育特长生的管理

体育特长生,在常人眼里是一些活泼、乐观、大方、生性好动的"调皮鬼"。室外活动时间多,对外界事物反应敏捷,比较难于管理。笔者与体育特长生打了多年的交道,摸索出如下几点体会:

一、注重选材

每届新生一入校,我们就开始明察暗访。通过测试、考核,把情况弄清楚。在选择体育特长生时,注重政治思想表现、文化基础、智商、身材、出生情况、有无病史等。选准苗子后,就开始集中做思想工作,向学生强调思想表现、遵纪守规、吃苦耐劳、团结协作精神,进而向学生介绍体育特长生历年的项目设置情况,文化录取线范围,有哪些学校,大家各自向往哪些学府,崇拜哪位体育明星,诱发学生的进取心。学生有了自己的奋斗目标,日夜朝自己的目标努力,严格按教师的要求进行训练。这样一来,教师管理专业生就容易多了。

二、从严要求

首先,对体育教师本身从严要求,带训不迟到、早退,不穿拖鞋、皮鞋,不穿便装,严格按计划进行训练。这样,才能从严要求学生,才能做学生的表率。要求专业生和其他普通学生一样,自觉遵纪守规,积极参与各项有益活动。还要持之以恒地坚持刻苦训练。

三、关心爱护专业生

教师在训练前、中、后仔细观察学生身体的反应。如脸色、面部表情、动作质量、心率快慢等。训练前准备好水给学生训练后喝;训练后教给学生按摩、热水浴、热敷等放松的方法,并亲自动手给学生放松,定期给学生改善生活。体育生待人比较粗鲁,但比较讲义气,重感情。抓住这一特点,教育学生要多克服粗鲁、暴躁,注重自己的修养。

四、"文武"兼备

体育生中间有许多学生对训练感兴趣,活动惯了,坐不住,对文化学习没兴趣,一上课就打不起精神,总是有点打瞌睡。遇到这些情况时,要及时调整训练强度和训练量。另外要及时做好学生的思想工作,上文化课时要求学生强打精神,集中注意力上好课,抓住课堂45分钟。如果课堂没搞懂的话,课余一定要找老师或同学问清楚。不能重训练而忽视文化学习,要齐头并进,互不耽误。专业生的专业和文化,相当于鸟儿的两翼,只有同时拍打,才能飞向胜利的彼岸。

五、定期测试,及时总结

平时单项训练时,边训边测,作为训练中的成绩,来检验训练强度或密度,分析对不同学生的适应情况。训练一月或两月调整4~5天,然后测试掌握学生训练情况,总结之后,又定出每一个学生下一训练段的目标,让学生心中有数,朝自己的目标努力。

对我校课外体育活动中
运动损伤的调查研究初探

课外体育活动,是学校体育的重要组成部分,是实现学校体育目的和任务的重要途径之一,也是实现全民健身计划的重要途径之一。由于我校人数较多、场地条件不太好。预防措施不过硬,运动损伤严重地困扰着课外体育活动的开展。为了避免运动损伤的出现,特对我校课外体育活动中运动损伤进行研究。笔者采用调查访问、文献资料、数理统计等研究方法,结合宣传讲座并传授预防办法、处理措施,通过几年的实践,收到了明显的效果。

我校场地较小,条件有限,并且不同的项目对机体各系统和器官的负荷量有着不同的要求。加之在教学、训练与竞赛中,不能完全遵循人体运动的生理规律和调控生物节律,不能使机体的工作运行保持良好的竞技状态,结果导致各种各样的运动创伤。

一、研究方法

1. 采用查找文献资料法

2. 采用调查访问法

3. 采用数理统计法

二、研究对象

在校高二年级 756 人,男生 412 人,女生 344 人。

三、调查结果分析与讨论

1. 致伤原因

在课外体育活动中发生运动损伤的原因很多,主要有以下几个方面:

(1)场地偏小、学生人均活动面积不够,因学校资金不足,场地满足不了学生的课余活动。

(2)人员密集,精力不集中。由于场地较小,参加体育活动的人数多,练习因受他人干扰而精力不集中,往往发生技术变形与碰撞,以致造成伤害。每天早晚足球队的训练、田径生的训练、文化生的自主锻炼、教师家属的锻炼,大多都挤在田径场和篮球场。

(3)缺乏严密的组织。由于学校仅仅将体育课、课余训练、竞赛作为体育组的工作和任务,而对课外体育活动不够重视,对体育活动的项目、内容、人数、场所安排不够周密,致使场面有些混乱,往往造成运动损伤。

(4)准备活动不充分。大部分学生对准备活动不重视,认为随便动一下就可以了,即使是参加比赛,赛前也不做充分的准备活动,就直接参加比赛,进行剧烈的运动,从而造成运动损伤。

(5)不能持之以恒地参加体育活动。部分学生不能经常进行体育活动,肌肉韧带弹力差,关节僵化。心血来潮时,就不顾一切地活动起来,这样就很容易发生运动损伤,有害于健康。

(6)应变能力差,缺乏自我保护意识。有些学生由于不经常参加体育活动,身体各关节不灵活,反应不灵敏,动作迟缓、僵硬,应变能力差,没有自我保护意识和经验而导致受伤。

（7）锻炼少，阳光浴不够。由于锻炼少，阳光浴不够，所以"玻璃人""骨质疏松"的同学不少，一碰撞或摔倒就骨裂或骨折。

2.运动损伤的分类

运动损伤的种类很多，归纳起来有以下几种：

（1）按损伤组织的种类分。肌肉韧带的损伤有断裂。例如，四肢骨折，脊椎骨折，关节脱位，内脏破裂，脑震荡，烧伤，冻伤，挫伤等。

（2）按损伤的轻重程度分。伤后不损失工作能力的称为"轻度伤"；伤后失去工作能力时间24小时以上，需在门诊治疗的称为"中度伤"；伤后需较长时间住院治疗的称"重度伤"。

（3）按伤后运动能力丧失的程度分。伤后仍能按教学训练计划进行锻炼的称为"轻度伤"；伤后不能按教学训练计划进行体育锻炼的，需减少或停止伤部运动的称为"中度伤"；伤后完全不能运动的称为"重度伤"。

（4）按损伤组织是否有裂口与外界相通分。若损伤的组织有裂口与外界空气相通的，称为"开放性损伤"。比如，擦伤、刺伤、切伤等。反之，损伤的组织无裂口与外界空气不相通的，称为"闭合性损伤"。比如，挫伤、肌肉韧带的损伤等。

四、结论与建议

1.运动损伤的一般规律

田径、足球、篮球运动的损伤比重较大，其比例分别为43%、20%、18%，其他运动占19%。田径运动的损伤重点是下肢，占65%；急性损伤以肌肉拉伤和关节扭伤常见，占13%；慢性损伤为肌腱炎、骨膜炎和髌骨劳损，占77%。在各类损伤中，以大腿肌肉拉伤最多，占18.8%；踝足部肌腱鞘炎次之，占16.5%；髌骨劳损占6.8%。

在田径各项目中，短跑运动的损伤主要是大腿后群的肌肉拉伤、跟腱拉伤及踝关节扭伤；中长跑运动的损伤在会阴部和大腿部擦伤、足趾伤或胫腓骨骨膜炎、膝外侧滑囊炎、足部腱鞘炎；跳跃项目主要是足踝关节损伤、足跟挫伤、膝关节扭伤；投掷项目常见损伤在肩部肌肉、肘部肌肉及韧带，严重的会引起肱骨骨折，而腰伤则是田径所有项目都易发生的。

在篮球、足球运动中,主要是碰撞伤、踝关节膝关节扭伤、腰部扭伤、手腕扭伤;在武术运动中,主要是韧带拉伤。

2. 在课外体育活动中,对运动员损伤的预防措施及建议

(1)应加强对体育场地的建设、管理、保养和维修。

(2)通过各种途径对学生进行教育,使他们从思想上引起重视,了解运动损伤给身心带来的危害。

(3)加强对学生进行自我监督和临场处理知识教育,让学生了解体育卫生的基本知识,学会自我监督,与体育教师或医务人员配合,及时反馈运动后身体,特别是运动器官局部的不良反应,合理调整运动量。运动损伤前期的及时、正确处理,有利于机体的治疗和康复。

(4)鼓励学生经常参加体育运动,全面提高身体素质。学校可以制订一些促进学生参加体育活动的措施。例如,阶段性素质测验、阶段性各种球类、跳绳、拔河、趣味游戏的比赛等,以激励学生经常参加体育活动。

(5)加强学生自我保护意识的教育。在教学过程中,要教会学生自我保护的方法,遇到紧急情况要会处理。强调做新、难、高动作的保护的必要性。

五、结束语

由于课外活动很重要,所以我们必须采取各项措施,为课外活动的顺利、正常、高质量的开展创造条件,防范各种运动损伤的发生。

对编排体育课程表的探讨

学校体育是学校教育的重要组成部分,是实施素质教育的重要内容,是培养强健体魄,传授体育基础知识、基本技能,提高竞技水平和国民素质必不可少的内容。

学校体育的地位虽逐年提升,但还有"说起来重要,做起来次要,忙起来不要"的现象。在编排课表时,先考虑或只考虑文化课,然后再"见缝插针",哪里有空白,就往哪里填补的"填鸭式"排体育课,没有从科学性、针对性、实用性、安全性等方面出发,做不到统筹兼顾。

一、从科学性的角度来看

《学生体质健康标准》及《体育教学大纲》要求,小学 1~2 年级每周 4 节体育课,小学 3~6 年级每周 3 节体育课,初中、高中,每周 2 节体育课。在排体育课的时候,要考虑某个班的体育课均衡分布在一周内,而不能前后两天(初中、高中)或三天(小学 3~6 年级)或四天(小学 1~2 年级)连续排课。一所学校的体育教师搭配,一般是老、中、青结合,如果错开排课,有利于相互观摩、学习,共同提高。有的学校排体育课就未这样考虑,经常出现没排课或"齐上阵"的局面。

二、从针对性的角度来看

体育课大多是在室外进行(只有条件好的学校部分项目在室内,或者理论课在室内),大多数体育课离不开器材。如跨栏、跳高、技巧、铅球、实心球等内容,很少离开器材进行教学。针对这一学科特点,编排体育课时,要考虑器材的搬运。某一教师上课时,可连续排两节或三节,以避免在一天内器材的反复搬运。(只有年龄偏大,50 岁以上的教师可适当考虑其体力问题,中间可休息一节再排课)

三、从适用性的角度来看

近几年,职高、普高、城区小学和初中大面积扩招,而大多数学校运动场地并没有扩大,同一节课有几个体育教师(规模大的学校十多个)齐上阵,好像比场面、比热闹一样,各自组织自己所任教的班级在运动区域上课(因为课程表是这样安排的),这样的课排得极不合理,极不科学,场地拥挤,器材短缺,学生密度大,安全系数低,干扰大,难管理,效果差。同时,很难避免"天晴一个球,下雨更自由;天晴一二一,下雨改自习""一个口哨一个球,教师学生更自由"的局面。我对一些学校进行了调查研究,建议从避免上述因素来考虑编排:每周排五天体育课(周一至周五),每天从第三节排至第七节,那么,一周可以排 100 节体育课(每人每天排五节,一周五天,按四人同时上课来计算),如果周六的上午可以排体育课的话,又增加 8 节(每人两节,四人同时上课),也就是说,一所 54 个教学班的学校,一周可排 108 节体育课,同时,上课的教师人数不会超过 4 人。当然,小规模的学校就用不着操这个心。这样排的话,既利用了场地、器材,又避免了相互干扰和安全问题(极特殊情况除外),还提高了学习、练习的效果,充分利用好场地、器材,保证了教师之间相互学习的时间和机会,有利于落实培养学生终身运动的意识,便于"青蓝工程"的实施。

怎样踏好跳远的步点

跳远是一项技术性很强的跳跃项目,要想跳出好成绩,踏准步点是一个关键环节。

作者通过多年的体育教学和带体育专业生的跳远专项,从中摸索总结出以下方法,可以提高步点的准确性:

一、丈量法

通过反复做加速跑、踏板,但不起跳,然后用皮尺量下自己所跑的距离。在自己的起跑点划上一横线,再逆向跑几次,看是否能够踏准,最后再顺着跑两次,做起跳动作。如果踏过了线,踏过多少,就将起跑线往后移多少。相反,未踏到的话,就将起跑线往前移多少。

当然,如果运动员上板前有跨大步或踏小步的习惯,那就还得改变这一不好的习惯。

二、走步法

采用自己的便步走,如6步助跑,走便步10步,然后反复助跑踏跳。根据自己速度的发挥情况,按6/10步的比例来延长助跑距离。也就是说,按照这个公式来计算 $n \times 2 - 2 =$ 便步的步数。("n"就是助跑的步数)

三、区域法

在助跑道上划好三个区域段,第一个区域段为预跑段,第二个区域为加速段,第三个区域段为最后四步段。预跑段的步幅有些随意性(可作调整区域),加速段和最后四步段必须形成动力定型,充分发挥出自己的跑速。

四、保留法

运动员助跑线往后移30厘米,如果在助跑道上划好标志后,将起跑比赛或考试场地比自己平时的场地要好的话,这个保留数可适当增加,特别是第一次试跳,保留数据更应增加,以免踏过起跳线给自己心理带来障碍。随着跳的次数增加,保留数相应减少。

五、缩减法

运动员不能单一地往后移起跑线。这样一来,不能避免踏过起跳线。因为运动员同样存在怕踏过跳板或踏不到跳板的心理,所以最后踏小步或跨大步,同样会犯规。运动员采用缩减法,缩短自己预跑段的步幅,当踏上加速段的标志线时,正常加速跑加速段和最后四步段,效果要好得多。

六、节奏法

不同的运动员,他的助跑速度及助跑距离不同。但是,不管怎样,都必须注重自己的助跑节奏,以便能正常发挥,达到较高的跳跃水平。最后四步段不变,加速段因人而异。

七、思维预测法

良好的思维预测是准确踏板起跳的关键。人是一个有机整体，人对自身步长的控制，来源于大脑对腿部肌肉的支配，大脑支配肌肉的信息依据，是由思维的预测所决定的。一是对运动容体的预测，二是对自身运动的预测。

中学生重视体育锻炼,注意饮食与减肥的必要性

据调查统计,近 25 年,我国中小学生的体质连续下降。近年来,韩国男性平均身高 1.74 米,日本 1.707 米,中国则为 1.697 米。7 岁到 17 岁的中国男孩平均身高比日本同龄男孩矮 2.54 厘米。学生体质健康存在的主要问题:速度、爆发力、力量等素质持续出现下降;肺功能的肺活量继续呈下降趋势;超重及肥胖学生明显增多,已成为城市学生的重要健康问题;学生视力不良检出率仍然居高不下。幼儿期(1~4 岁)和儿童青春发育期(7~13 岁)肥胖的孩子 70% 成人后会肥胖。

在学校,学习是很重要,但不是唯一的,学习好的同时也要身体好!

人的一生难免会干一些蠢事,但最蠢的二件事"拒绝读书,忽视灵魂;拒绝运动,忽视健康"。

一、肥胖的危害,胖子所面临的健康危害

1.肥胖本身的症状:气喘、易疲劳、腰痛、膝关节和髋关节痛、抑郁、多毛症、多汗、尿失禁、月经紊乱、性功能下降、异性化。

2.肥胖合并症和并发症:高血压、高血脂、冠心病、中风、糖尿病、呼吸系统疾病、癌症、痛风、胆结石、下肢水肿和静脉血栓、睡眠呼吸暂停综合征、不育,疾病发生率增加,影响记忆、影响学习效率。

3.肥胖引起的社会问题:结婚率低,离婚率高;就业率低,失业率高;收入低,贫困率高;教育程度低;自杀率高。

二、如何判断肥胖

体重指数、腰围、腰臀比、标准体重和体脂百分比。

标准体重：

1. 标准体重（公斤）＝身高（厘米）－100（适于165厘米以下者）

　　　　　　　　＝身高（厘米）－105（适于166～175厘米以下者）

　　　　　　　　＝身高（厘米）－110（适于176厘米以上者）

女性体重相应组别减去2.5公斤

2. 北方人理想体重（公斤）＝【身高（厘米）－150】×0.6＋50

　　南方人理想体重（公斤）＝【身高（厘米）－150】×0.6＋48

三、如何减肥

1. 首要的是"守住自己的嘴，迈开自己的腿"

（1）饮食疗法：节食必须是科学的、循序渐进的。过度节食，安静代谢率降低，能耗减少，胃肠道功能失调，损害健康。不要过分限制主食，增加高纤维饮食，减少饱和脂肪酸和胆固醇摄入。因为，高纤维饮食吸水会膨胀，产生饱腹感，抑制食欲，在食物四周形成一层保护膜，阻止消化酶与食物发生作用，刺激肠道蠕动，增加排便量，还会吸附胆汁、胆固醇。建议：选择低脂肪高蛋白质的食物。例如，豆制品、奶制品：豆腐、牛奶、乳清蛋白；肉类优先推荐：去皮鸡肉、清蒸鱼、白灼虾、瘦牛肉（清炖）；慎重选用：火腿肠、肉肠、酱鸡翅、红烧肉、烤鸭、水煮鱼。肥胖原因：米、面、菜、水果吃得少，肉、鱼、蛋、油吃得多；早饭吃得少，晚饭吃得多；主食吃得少，零食吃得多；运动锻炼时间少，收看电视时间多；爬楼梯的时候少，坐电梯的时候多；走路的时间少，开车坐车的时间多；家务劳动少，家用电器多；吃饭时间少，工作学习时间多。营养、能量相对过剩，总能量摄入过多，粗粮、蔬菜摄入减少，脂肪、蛋白质摄入比例增多。脂肪的摄入，零食不容忽视，20粒花生等于1小碗米饭，1包薯片等于1顿正餐；饮料同样可怕，1瓶啤酒200千卡，二两白酒300千卡。建议：减少或不做油炸类食物，减少烹调用油，少吃或不吃薯片、冰激凌、巧克力等零食及快餐类食物。优先推荐：米饭、馒头、面条、全麦面包、运动饮料（如高能固体饮料）、能量棒等。慎重选用：肉松面包、热狗面包、油饼、油条、点心、蛋糕等。

（2）运动疗法：脂肪与运动，脂肪只能在有氧时才能供能（糖原优先供能），运动 20～40 分钟后脂肪动员供能。不同运动强度时，脂肪参与供能的比例不同。最大心率的 50%：每分钟燃烧 7 千卡热量，90% 来自脂肪；最大心率的 75%：每分钟燃烧 14 千卡热量，60% 来自脂肪。低强度、长时间、全身、不间断的有氧运动有利于减脂。有氧运动的运动强度，适宜心率 =（220 - 年龄）×（50%～70%）；运动时间，每次 30～60 分钟；运动频率，每周 3～5 次；运动方式：跑步、骑自行车、有氧健身操、登山、网球、羽毛球、乒乓球、跳绳、散步、练太极拳等。

2. 其次是进行适当的力量练习

力量训练，肌肉体积增大，安静代谢率增加，能量消耗增加，局部运动练习要建立在全身运动的基础上。

3. 增加高纤维饮食，减少饱和脂肪酸和胆固醇摄入

选择合适的力量练习，每周至少应锻炼 2 次/天，每次采用包括较大肌群的练习 8～10 个，每个动作练习进行 3～5 组，每组练习重复 8～12 次，建议选择低脂肪蛋白质食物。

"三十米跑"课的设计

一、指导思想

以"健康第一"为指导思想，以学生为主体，充分发挥体育教育的综合功能，提高学生的综合素质。力求在学生获得新知，增强体质的同时培养他们勇敢、顽强的意志品质，团结协作的集体主义精神和崇高的爱国主义精神。在教学的全过程，始终运用启发式教学，采用"自主、合作、探究"的教学模式，鼓励学生动脑，用心、刻苦地锻炼，并培养学生终身体育的意识，多掌握基础知识、基本技能。

二、教学内容

本课选用跑的辅助练习，短距离的起跑、加速跑、途中跑、冲刺跑等教材，配用了游戏、徒手操、舞蹈等活动。

三、教学过程

1. 准备部分：采用集中注意力练习，提高学生积极性与兴趣，安排击掌徒手操，以全面活动学生身体，为开展课程打下良好的基础。

2. 基本部分通过学习跑的辅助练习，短距离跑的起跑、加速跑、途中跑、冲刺跑等基本技术，同时增强学生生活能力和生存能力，培养勇敢、顽强的意志品质，进行德育的渗透，培养学生的爱国热情。把体育教育、素质教育与创新教育有机地结合起来，充分发挥体育的教育功能。

3. 结束部分：放松舞蹈《阿细跳月舞》，师生同舞，既让学生放松，又陶冶学生情操。

省示范性中学课余训练对
周边学校辐射的研究

当今我国青少年的课余训练成绩滞后，与课余训练时间不足有直接关系，与社会环境、个体对课余训练的价值期望有关，与学校场地、器材、管理制度也有关，还受认知、训练愿望及训练坚持性等因素的影响。通过加强课余训练教育，帮助青少年学生树立课余训练的信念，提高其课余训练意愿和完成课余训练任务的自我效能感。然而，课余训练习惯能否养成，仅依靠本学校的力量显然是不够的，它需要省示范性中学课余训练对周边（区域）学校辐射（引领、示范）才能实现。并且能够充分发挥其思想教育及行为干预的合力作用，构成一个多渠道、多层次、全方位整体化行为干预教育方式，也是资源整合的重要举措。他山之石，可以攻玉。

本研究以汨罗市省示范性中学课余训练开展现状、存在问题及制约因素为背景，综合国内外关于学校课余训练的成功经验，结合目前我国学校课余训练的现状，构建学校课余训练长效机制模型，将通过实际调查获得真实可靠数据对所建模型的合理性、可行性及必要性进行验证，以期为学校课余训练方案设计的科学性提供参考。

一、国外研究现状综述

在日本、美国以及欧洲一些国家,参加课余训练的学生很多。一项资料显示:日本少数团(中小学生)课余体育训练基础组织受训团人员数占整个日本中小学生的10%以上;美国每年大概有520万中学生参加近30种不同项目的竞技活动,约占整个中学生人数的三分之一;德国的学校体育与运动俱乐部关系密切,一般均以运动项目作为一个俱乐部的组织基础,高水平者或低水平者均可以参加俱乐部,从而使高水平的运动训练与群众体育活动融为一体。从目前了解的情况看,国外一般是采取参加学校俱乐部的形式,这使学校课余体育训练开展得十分红火。

纵观当今世界各国体育教育,许多教育家都普遍认为,学校课余训练仅仅依靠本学校单方面的力量,是难以完成的。

各国教育发展出现令人注目的三大趋势:一是倡导全民终身体育学习的理念;二是改变传统的被动型学习的体育教育方法为主动型学习的体育教育方法;三是健全完善"学校课余训练大联盟",旨在适应未来社会发展,更多地培养高水平人才。它是利用课余时间,根据学生的兴趣和爱好,以班级为单位,对学生进行一些有目的、有计划、有组织、系统科学的体育项目进行锻炼。它与体育教学、运动训练相辅相成,共同完成学校课余体育训练的目的任务。这个课题是全球化背景中各国教育发展正引起高度关注的重要课题。

二、国内研究综述

原国家教委和国家体委,在1985年就下发了《关于开展课余体育训练,提高学校体育运动技术水平的规划》(以下简称《规划》),使我国课余体育训练进入了一个有组织、有计划、稳步发展的新阶段。《规划》指出:"课余体育训练是学校体育的重要组成部分,应十分注意将提高与普及结合起来,有效地推动学校群众体育的发展,更好地增强全体学生的体质。既要着重抓普及,又要认真抓提高。""通过正确的课余体育训练,不仅能造就大批具有良好的思想品德和文化素质的体育人才,而且能有效推动教育方针的贯彻执行。"1985年,试办高水平运动队,1988年,又建立体育后备人才试点学校。课余体育训练得到高度重视,进一步完善和规范了学校课余体育训练的组织和管理制度,促使学校课余体育训练走向正规化。学校课余体育训练的理论研究,不仅丰富了学校体育的理论研究,有助于推动学校体育的发展,并且推动体育事业和社会各方面的积极发展。1990年,颁发的《学校体育工作条例》第三条指出,"学校体育工作的基本任务是增进学生身心健康,增强学生体质;使学生掌握体育基本知识,培养学生体育运动能力和习惯;提高学生运动技术水平,为国家培养体育后备人才;对学生进行品德教育,增强组织纪律性,培养学生勇敢顽强、积极进取的精神。"

目前,我国学校课余体育训练已形成制度,呈现多层次、多系列的体系,输送了一大批优秀体育人才,在国际国内比赛中都取得较好成绩。《学校体育工作条例》明确规定:"学校应当在体育课教学和课外活动的基础上,开展多种形式的课余体育训练,提高学生的运动技术水平。"新课程改革以来,体育已成为学校的门面,对外宣传的窗口。学生的体质检测成绩、体育中考成绩、比赛成绩、各项活动的评比成绩,都成了教育主管部门考核当前学校体育教育的重要指标。更早地发现、有意识地培养体育训练苗子,也是新时期学校体育工作的重要项目。

三、研究主要思路

通过分析当前各省示范性中学课余体育训练现状及问题,探索出影响各省示范性中学课余训练的决定因素,找出问题症结,根据决定因素构建长效机制的理论模式,将探索出的理论模式结合进行实践应用并进行效果评价,形成新型的长效运行机制。

四、研究假设

1. 各示范性中学课余体育训练要常态化,使学生能持续地进行体育课余训练,改变过去将学生的体育训练局限在学校某个时段的现象。杜绝"说起来重要、做起来次要、忙起来不要"的局面。

2. 学校课余训练中存在的问题及发展对策。主要问题:训练时间少、场地器材不充足、教练或指导老师不很到位、宣传发动滞后等。发展对策:领导要高度重视、改善或扩大训练场所,增添或配齐训练器材,加大宣传发动力度,进一步整合资源等。

五、创新点

本研究从当前现状出发,探索性地构建出一体化多维度体育健康教育与青少年体育锻炼自身支持间的因果结构模型,将它作为促进青少年课余体育训练的新型长效机制。

六、前期研究成果

本课题的负责人和主要成员在前期研究中积累了较丰富的课余体育训练推广实践经验,曾参与《体育课堂教学中分层教学模式的研究》相关研究和活动推广,参加的《我校阳光体育运动推广策略研究》,具有较高政治素质和较强的科研能力,对本课题背景较为熟悉,并已在各级各类学术期刊上发表相关研究论文10余篇,为本课题的研究与实践奠定了良好的研究基础,并且有领导完成课题的能力、精力和时间。

我校课余体育训练的时间:每天晨跑时间、大课间时段、下第八节课时段,周日下午两小时,寒暑假时段。

七、我校课余体育训练的举措

1.训练内容:田径、篮球、排球、足球、乒乓球、网球、健美操、趣味体育、拔河、跳绳、武术。

2.我校课余体育训练的管理制度。

(1)由副校长分管,德育处副主任主抓体育工作。体育教研组长、相关体育教师、班主任,组成了相应的分级管理机构。

(2)明确岗位责任,组织上层层把关,各项目上有专人负责。

(3)坚持开展落实好每天早晚训练制度和体育运动队训练制度,充分利用各种体育活动的设施,发挥训练功能。

(4)体育教师要认真组织落实好每学年的校田径比赛,分年级的篮球比赛及各类校内体育比赛。

(5)学校体育经费坚决予以保证,后勤予以保障:所有体育特长生集中开好周一至周五的晚餐,确保热饭、热菜、热汤供给运动员。注重营养、卫生。班主任全力支持好学生的课余训练,配合体育教师搞好训练工作。

(6)积极推进校园足球特色项目,积极参与市、区各项比赛。

做高中体育教育的追梦人

（7）由总务处负责根据训练情况，定期或不定期地增添好必需的体育器材和运动设施。

（8）在逐年提高体育教师训练待遇的同时，对负责带运动队的教师和教练员，每月给予一定的津贴补助和课时补贴；对于运动队在比赛中取得显著成绩，期末给予带队教师和运动员奖励，并根据实绩享受学校特殊津贴。

（9）组织体育教师积极参加各类体育教学、运动训练培训和裁判员培训，注重教师和教练员训练水平和科研能力的持续提高。

（10）在体育训练的同时，要注重运动员学业成绩，良好道德品质、训练水平的有机结合。因为部分体育特长生的文化成绩滞后，年级组从高一就利用晚自习，集中给体育特长生进行文化补习。

3. 建立我校课余体育训练对外开放日制度

我校课余训练对外开放安排

姓名	项目	训练内容
钟慕期	田径	《4×100米接力赛的训练方法》
黄拥军	田径	《力量训练方法》
曾柯	田径	《背越式跳高的辅助训练方法》
章伟	田径	《跨栏技术训练方法》
张果良	排球	《气排球的训练方法》
张明根	乒乓球	《连续拉弧圈球的训练方法》
胡意志	足球	《足球战术训练》
郑红伟	健美操	《大众健美操第一段的训练方法》
付昌照	足球	《足球绕杆射门训练法》
伏洵	篮球	《篮球的战术配合训练法》
宋霖	太极	《太极十二式训练法》

4.建立我校生源基地

（1）汨罗市体育运动训练学校。从 2019 年 9 月起,汨罗市体育运动训练学校合并到正则学校了。汨罗市体育学校为全市各高中学校培养了许多优秀的队员。先后有郑茂同学（被湖南师范大学特招）、王凯同学（2009 年参加了在张家界桑植县一中举行的湖南省传统项目学校第十一届田径比赛,他以 22″75 的成绩夺得男子 200 米甲组第五名,被湖南师范大学特招,现毕业分配在汨罗市体校担任教练员）、何雨婷同学（2009 年参加了在张家界桑植县一中举行的湖南省传统项目学校第十一届田径比赛,她以 2′17″3 的成绩夺得女子 800 米甲组第二名;以 4′54″7 的成绩夺得女子 1500 米甲组第六名;2010 年 4 月在石家庄参加全国青年田径竞标赛,以 2′13″02 的优异成绩夺得高中女子 800 米第七名;2010 年 9 月参加湖南省第十一届运动会,青少年儿童田径比赛,她以 4′36″34 的成绩夺得女子甲组 1500 米第二名;她以 2′08″63 的优异成绩夺得女子甲组 800 米第一名。她被湖南大学特招）、钟沛丰同学（他于 2012 年 7 月在河北承德参加全国青少年田径锦标赛,他以 7.12 米的优异成绩夺得男子跳远第一名,以 14.51 米的优异成绩夺得男子三级跳远第一名,他被湖南师范大学录取）、杨琼同学（2005 年参加湖南省第九届田径传统校运动会,以 11.26 米的优异成绩,荣获高中女子铅球比赛的第五名;2006 年在四川绵阳参加全国中学生"多威杯"田径金杯赛,以 39.19 米的成绩夺得女子甲组铁饼第三名）、陈加兵同学（在省十三运会上以 14.82 米的优异成绩夺得男子甲组三级跳远第三名,跳远第四名的优异成绩;2019 年被湖南工业大学录取）、杨美林同学（2019 年被西安体育学院录取）、曾婧同学（2019 年被西安体育学院录取）、王甜同学（2019 年被湖南人文学院录取）、任帆同学（2019 年被湖南农业大学录取）、禹晴同学（2019 年被湖南工业大学录取）等。

（2）罗城学校。罗城学校招到一中的杨明霞同学,2019 年被北京体育大学录取、胡俊同学被湖南农业大学录取、吴恬同学被湖南农业大学录取、杨子健同学被湖南理工大学录取、徐浚源同学被邵阳学院录取。

（3）城郊中学。城郊中学招到一中的王雄同学，2004 年录入北京体育大学；刘江同学被湖南理工学院录取；杨欣源同学，2016 年录取到北京体育大学；王梓润同学 2019 年被湖南师范大学录取。

5. 建立主教练负责制

我校课余训练对外开放安排

姓名	项目	训练内容
钟慕期	田径	负责跳远、三级跳远、4×100 米接力
黄拥军	篮球	负责篮球训练
曾柯	田径	负责背越式跳高的训练
章伟	田径	负责跨栏技术和短跑训练
张果良	排球	负责排球、气排球的训练
张明根	乒乓球	负责乒乓球、投掷的训练
胡意志	足球	负责足球的技战术训练
郑红伟	健美操	负责健美操的训练
付昌照	足球	负责足球的技战术训练
伏洵	篮球	负责篮球的技战术训练
宋霖	太极	负责太极拳的训练

6. 承办教育局安排的初中、小学城区片区赛

教育局每年组织全市初中、小学的篮球、足球、乒乓球赛，安排我校承办城区的赛事。我们一中体育组全体体育教师担任裁判工作。组织裁判工作的同时，进行技战术传授、裁判法的培训，选拔优秀运动员到一中就读。

对如何培养体育特长生的探讨

体育特长生,之所以叫特长生,就是因为他(她)们比文化生特殊:一、体育特长生既要抓好文化,又要抓好专业,要做到两条腿走路,齐抓共管,齐头并进。相当于鸟儿的两翼,只有同时拍打,才能飞向胜利的彼岸。二、体育特长生吃的亏、流的汗、花费的钱要比文化生多。三、他们除了文化不能忽视外,必须还要有一技之长——体育专业;四、他们户外运动时间比文化生要多,他们的性格要活跃、胆量要大些,所以也难以管理一些。

体育特长生长年累月风雨无阻、持之以恒地参加体育专业训练,所以,他们的身体好、心理素质好,敢于克服困难、顽强拼搏,敢于迎难而上。他们接受能力强,学习能力也强。他们智商高,情商也高。如何去培养他们?(今年我带训了25个体育生,录取13个一本,6个二本,录取了我为北京体育大学输送的第五位优秀的学生。)

一、有梦、追梦、圆梦

首先给体育特长生进行思想引领,进行理想前途教育,培养学生的梦想。给体育生家长建立一个微信群,便于和家长、学生联系,便于发布消息和学习、训练的资料。我把过去带出来的优秀学生发布在群里,为他们间接传达一些正能量,树立一些榜样。然后,为了梦想就开始付诸行动,重视每天的每分每秒这一过程,重视了过程自然就会有好的收获。之后就是帮助他们去实现理想,去圆梦。

二、实用、活用、妙用

训练有法,但训无定法。这就要求我们教练员,要根据参训对象的实际情况,选择带针对性的方法——"实用"的方法。例如:5米三向折回跑,高个子我教他们用"四三步"去跑,这样可以充分利用步幅大去弥补频率偏慢的短板;中等个子用"四四步"去跑,充分利用步幅和步频;矮个子用"五四步",这样可以充分利用矮个子步频的优势来弥补步幅的不足。然后就是灵活运用它——"活用"方法。不同类型的学生采用不同的方法,真正做到因人而异、因材施教。俗话说:"药不对方,药用船装。"我们的训练方法好,训练的效果就好。例如赛前或专业考试之前,我利用好一次大力量训练,运用好超量恢复原理,这就是"妙用"方法。

三、从严、管严、督严

体育特长生一般比较"野",如何让他(她)不"野",能够遵纪守规,能够在训练场上是一匹骏马,在学习中是一位积极向上、不懂就问的好学生,就有学问了。所以,我们要联合班主任、任课教师、家长、齐抓共管。严是爱,松是害,严师出高徒。从严要求体育生,不能溺爱偏袒和放任他们。向管理要效率,对体育生管理上要严。采取"家校共建"措施,要经常严格督促。对体育生的严格要求包括思想动态、文化学习、专业训练等方面都要严格,要齐抓共管,都不能忽视。

四、爱心、耐心、细心

爱心是专业教师走进学生心灵的法宝。这爱心包括对工作的热爱和对专业学生的热爱。爱学生体现在以真诚、平等、信任的态度对待学生,全心全意地为学生服务,真心实意地热爱、尊重和关心每一个专业学生,设身处地地为学生着想,既做学生的专业教师,又做学生的知心朋友。用爱感化学生、教育学生,赢得学生的信任和尊重。对专业生的爱应该是博大的爱、真心实意的爱,要像爱自己的孩子一样的去爱。如上半年的梅雨季节,寄宿生的衣服、袜子不得干,我就买烘干机为学生烘衣服、袜子,让他们有干衣服和袜子换;为了预防感冒,我除了强调同学们穿暖、开窗通风换气之外,把预防感冒的板蓝根放在训练休息室,如果同学们需要就自己冲服板蓝根。

耐心是成功的通行证。专业教师对待学生不能急躁,不能厌烦。它既是一种性格,也是一种品格,是"崇高的秉性",能够成就事业,更能够成就人生。"日日行,不怕千万里;常常做,不怕千万事。"耐心是一种积极的等待和良好的心态。耐心考验人的毅力和定力。

细心是做好教练工作的抓手。细心就是用心细密,做事细心,认真周密地考虑各种问题,精益求精地把事情做好。在日常工作中处处留心,做有心人,对全体队员仔细观察和详细了解,细心地注意自己的学生,真正地了解他们,正确地引导他们。

专业教师除了要有爱心、耐心和细心之外,还要有高度的事业心、责任心,博大的宽容心、公平心。

另外,因为我担任了班主任,除了训练时管理体育生,平时我也在教学楼加强管理,所以我带的体育专业生再创新高(25人录取19人,其中一个北京体育大学,两个湖南师范大学,13个一本,6个二本)。

我带训体育专业生30年,人数有300多人了。我从未因为他们的家境而区别对待,总是公平地对待他们。如果说有区别的话,那是因人而异、因材施教的方法不同而已。我总是比学生早到,只有比他们早到,才能准确地把握他们的出勤情况,才能有的放矢地严格要求他们。如果他们来迟了,我要弄清楚迟到的原因,并及时和家长、班主任取得联系,不让他们钻任何空子。总比他们迟走,就能够及时督促学生放松到位,避免肌肉无氧呼吸堆积的乳酸使学生肌肉慢慢的变紧,避免伤病的发生。也能够督促学生养成不拖拉的好习惯,迅速回教室或寝室,争取更多的时间去抓文化学习。

双人徒手操十八法

双人徒手操,是利用两人身体各部位的各种不同动作,相互配合所组成的单个或成套动作。它既可以定位做,也可以行进间做。它适合于不同职业、不同健康水平的人选择练习,且不受场地和器材条件的限制。它能防止和矫正身体的不良姿势,培养人体的正确姿势,增强肌肉力量,提高内脏器官的功能,发展动作的协调能力,促进人体全面发展,有效地增强体质,增进健康,振奋精神。它可作为不同体育项目的准备活动,提高练习者的兴趣,使身体各关节得到活动,提高身体活动能力,使肌体较快地进入工作状态,也能起到一定的防止受伤的作用。为了掌握某些动作技术或提高动作质量,可选择双人徒手操作专门的辅助练习,为提高运动成绩服务。它有助于培养团结、紧张、严肃、活泼的作风,集体主义精神以及组织纪律性,养成锻炼身体的好习惯,为终身体育奠定坚实基础。

根据双人徒手操相互用力的情况可分以下三种:

一、助力性动作:一人帮助另一人做动作

1.拉肩(图2-4)

注意:用力不能过猛,要循序渐进,最适宜于投掷运动员的专项准备活动。

2.扳腿(图2-5)

注意:用力不能过猛,要循序渐进,最适宜于体操和武术等专项准备活动。

图 2-4　　　　　　　　图 2-5

3.抖髋(图2-6)

注意:两人背对背站立,两肘相互钩挂,轮流将对方背起。控制用力程度,最适宜于投掷、跳跃等专项准备活动。

4.攻跨动作(图2-7)

注意:最适宜于跨栏专项准备活动。

图 2-6　　　　　　　　图 2-7

5. 拉肩推髋(图2-8)

注意:两人前后错肩站立,练习者做蹬地送髋、转体、挺胸的同时,协助者左手拉练习者的左肩,右手推练习者的右髋部,两人轮换。最适宜于投掷运动员,特别是推铅球运动员的专项准备活动。

6. 两人俯卧撑(图2-9)

目的:可发展手臂、腰腹肌力量,身体的协调能力。

图 2-8

图 2-9

7. 两人推小车(土车、独轮车)(图2-10)

目的:可发展手臂、腰腹肌力量,身体的协调能力,两人密切配合能力。

8. 两人轮换倒立(图2-11)

目的:发展手臂力量,放松身体。最适宜于体操项目专门辅助练习及运动后放松整理活动。

图 2-10

图 2-11

9. 两人轮换下腰(图2-12)

目的:发展腰腹肌、上肢力量。最适宜于跳跃、投掷及体操项目的专门准备活动。

图 2-12

二、对抗性动作:两人相互对抗用力

10. 两人推臂(图 2-13)

图 2-13

两人面对站立,两臂交替屈伸互推。

目的:发展上肢、下肢、腰腹力量,身体的协调能力、平衡能力。最适宜于投掷项目的专门辅助练习。

11. 两人推肩(图 2-14)

两人面对站立,相互推肩。

目的:发展上肢、下肢、腰腹力量,身体的协调能力、平衡能力。最适宜于投掷项目的专门辅助练习。

12. 两人拉手(图 2-15)

两人面对站立,两手互握,左(右)脚后退一步,拉对方的手做换腿跳。

目的:发展上肢、下肢、腰腹力量,提高平衡能力及两人协调配合的能力。

图 2-14

图 2-15

第二辑 以体益智、以体健美

三、协同性动作：两人相互配合做动作

13. 相互压肩（图 2 - 16）

两人面对分腿站立,体前屈,两手互扶肩,相互压肩。

目的:发展上肢、下肢、腰腹力量,提高平衡能力及两人协调配合的能力。最适宜于投掷项目的专门辅助练习。

14. 弓步互拉（图 2 - 17）

两人并立,外侧臂上举互握手,内侧臂下垂互握手,同时向外侧做弓步互拉。

目的:发展上肢、下肢、腰腹力量,提高平衡能力及两人协调配合的能力。最适宜于投掷项目的专门辅助练习。

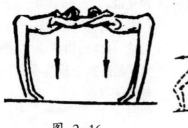 

图 2-16　　　　　　　　图 2-17

15. 相互踢腿（图 2 - 18）

两人面对错肩站立,左(右)手互相扶肩,同侧腿前后摆动(或踢腿)。可用于田径、体操、武术的准备活动。

16. 相互体侧屈（图 2 - 19）

两人面对面站立,两臂侧平举,互握手。可用于投掷、体操、武术的准备活动。

图 2-18　　　　　　　　图 2-19

17. 两人背对勾手跳（图2-20）

两人背对背下蹲，两肘互相钩挂，一人前进，一人后退，向前后蹲跳，也可以跳起转圈。

目的：发展上肢、下肢、腰腹部肌肉力量，提高协调配合的能力。

18. 互相扭转上体（图2-21）

两人相互搭肩，上体前倾，向左、右两侧扭转上体。

目的：发展腰腹力量、肩部韧带。最适宜于投掷、体操项目的专门辅助练习。

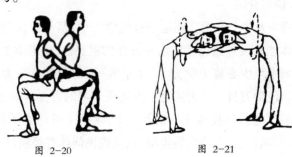

图 2-20　　　　　　　　　图 2-21

我校实施体育模块教学中
"'271'高效课堂分层教学模式"的研究

　　体育新课改以"健康第一"为指导思想，面向全体学生，以教师为主导，学生为主体。依据普通高中《体育与健康课程标准》（以下简称《标准》）的规定，六个运动技能系列必修10学分，健康教育专题系列必修1学分。选修部分包括许多模块，学生可以依据个人兴趣、爱好、体育基础、身体条件，选择自己感兴趣的模块，进行学习、训练、提高，发展专长。"分层教学"指在同一模块中，按照学生的思品素质、身体素质、体育素质、男女性别等，分成不同层面的合作小组的一种"271高效课堂"的教学模式("2"即20%的特优生,"7"即70%的优秀生,"1"即10%的待优生)。教师在教学设计中采用"自主、合作、探究"的教学模式,给学生提供自主学习的良好机会,运用多种有效的手段和方法,激发学生对体育活动的兴趣,引导学生积极地参加体育活动。强化激励性评价,进一步激发和保持学生的运动兴趣,循序渐进地引导学生形成习惯,树立正确的健康观,促进学生身体健康、身心健康和社会适应能力全面发展,培养学生的终身体育意识。

一、情况介绍

1. 模块及学分介绍。在运动技能学习中,基于田径类项目在促进学生体能发展和意志品质培养方面的重要性,要求学生在田径类项目系列中至少必修1学分。"水平六"为部分学有余力的学生设置了发展性学习目标。为满足学生选项学习的需要,《标准》在水平五和水平六的运动技能中,各设立六个系列(田径类项目、球类项目、体操类项目、水上或冰雪类项目、民族民间体育类项目、新兴运动类项目)。每个系列包含若干模块,一个模块由某一运动项目(如篮球、短距离跑、中距离跑、太极拳、形神拳、健美操等)中相对完整的若干内容组成,一般为18学时,以便学生对所选模块进行较系统的学习。学生每完成一个模块的学习,且成绩合格即可获得1学分。根据多样性和选择性的教学观念,结合学习的实际情况,允许学生每学期或每学年选择一次。再次选择时,学生既可以选择相同的项目,也可以选择不同的项目,但总计不宜超过五项,以便加深运动体验和理解,发展运动爱好和专长。高中三年,学生修满11个学分,方可达到体育与健康课程的毕业要求。

2. 师生情况介绍。我校共有学生3200多人,其中高一年级18个教学班,高二年级20个教学班。高一、高二年级共七位体育教师。进行模块教学时,我们高一、高二年级教师联手进行(教师打破年级、班级限制)。高一、高二年级都开了田径、篮球、排球、足球、太极拳、武术、健美操七个教学模块。高一、高二每位教师负责一个模块。

3.课程安排介绍。高一年级是排"5～5～5～3"即三节是排五个教学班,一节是排三个教学班同时上体育课。(当然,高一18个教学班也可采用"5～5～4～4"的形式)高二年级20个教学班是按"5～5～5～5"即四节都是五个班同时上课。高一、高二年级都打破班级的局限,按照模块组成新的教学班,根据不同层次分成不同的小组进行教学。

4.选择确定模块。依据我校的实际情况确定要开的模块,然后利用室内课向学生介绍各项目的特点,发放表格,学生根据教师的介绍,结合自身的条件,准确选择项目。教师收集表格后再做统计,征求学生意见适当做些微调。

5.教师配备介绍。我们体育组内的教师都还算全面,基本上都能按教材选取内容或学生选修模块进行教学和指导。但是,我们还是适当考虑学有专长、年龄大小、性别特点,适当照顾年龄偏大的教师和女教师。

二、实施方法

1.既分工明确,又齐心协力、合作愉快。高一、高二年级,各年级的备课组长组织本组教师指导学生选择项目、填表,教师再统计,然后打印表册。在实施过程中,负责该模块的教师负责考勤、纪律、教学、考核、总结、讲评。与此同时,还要负责必修部分和体育与健康专题讲座的教学与考核,以及学期末学生学分的认定和期末成绩的鉴定。

2.加强教研、重视课堂。每周一的上午,体育组按时召开例会——教研会,先对上周情况进行回顾、总结,然后研讨本周工作。教研会上针对体育新课改中选修模块研究得很多,每次按照上周确定的中心发言人,先陈述,然后举全组之力,探寻最佳教学、训练方法。

3.竞赛促教学效果。负责某个模块的教师,针对该模块的特点,制定切实可行的竞赛规程,发动年级两会干部或体育骨干担任裁判。例如:田径模块,可以确定弹跳项目——男生三级跳远、女生跳远;速度项目——50米跑或100米跑;力量项目——原地双手前掷实心球;耐力项目——男子 1000 米、女子 800 米跑为竞赛内容。篮球模块,可确定半场往返运球投篮、运球绕杆、定点投篮等为竞赛项目。排球模块,可以确定发球——男生采用上手发球、女生采用正面或侧面下手发球、垫球等为比赛内容。足球模块,可以确定绕杆射门、发点球等为竞赛内容。将比赛结果纳入班级目标管理中,既促进了动作质量的提升、技术的熟练,又培养了集体意识。

三、分层教学

1.采用分层的方式激发学生的运动兴趣,形成愉悦的课堂氛围。我们每接手一届新生,首先向学生介绍高中体育课的学习内容、目的、意义、作用,如何进行选修模块,然后组织男、女学生测试身体素质、体育素质,进行活动。结合思品素质等,将选修同一模块的学生分成不同层次——试验组、提高组、基础组三类(男女各分三类)。按照这样的分组,同一性别学生(有时是不同性别学生)基本上在同一水平上,学生学习体育的兴趣要浓厚、积极性要高、参与意识要强、合作氛围要好。

体育兴趣是学生积极和优先从事活动的心理倾向,它是参与体育活动的需要,相互联系的意向活动,是个性的最直接的体现。兴趣来自生活体验,每个学生都有独立的个性,其表现方式也呈现出多样化的特点。特别是在体育课中,学生在实践中容易把生活体验带到学习中来,而个性因素往往制约了其表现方式。如好动的学生对任何体育活动都非常感兴趣,但组织纪律性的意识不强;内向的孩子参与集体活动的意识较弱;学生只凭借个人兴趣有选择地进行活动。我遇到过一个特别顽皮、好动的学生,上课在教室里坐不住,上体育课无集体意识,许多教师对他束手无策。我通过几次接触,发现他自尊心特别强,不服输,在同学面前爱表现。所以,我鼓励他积极参与课堂的管理,让他负责体育器材的配置和回收,转化其活动兴趣,培养为同学服务的意识。在说服教育的同时,说明器材管理的重要性以及教师的重视程度,要胜任这份工作,应该在课堂上做其他同学的表率,建立威信。经过一段时间的适应后,这位同学的组织纪律性和活动能力有了明显的提高,并且把器材管理工作做得有条不紊。综合上述因素,我建议教师要在了解学生的基础上,与学生建立一种合作与互动的关系,真诚、平等地对待每一位学生,尽量满足绝大多数学生的需求和爱好,使体育课堂成为学生充分展示兴趣的舞台。

要营造一个轻松、愉悦的课堂氛围,针对不同层面的教学内容设置相应的情境。情境教学也是培养学生健全人格和正确人生观的重要手段。特别是对于新生,好奇心、求知欲比较强,兴趣也比较容易激发和转化。因此,教师选择内容时也应多样化,从学生心理和生活出发,多选择一些学生感兴趣的内容,趣味性强的运动项目,运用不同的教学手法加以引导和转变,让学生敞开心扉,融入到老师设计的情境中,激发学生主动地参加体育活动,并且在实践中体验到体育学习带来的无穷快乐。

2.采用分层的方法转变观念,发挥学生的主体意识。学生是认识活动的主体,一切教育教学的影响只有通过学生自身的活动才能为其接受。教师是主导者、组织者,对整个课堂起调控作用。只有通过教师,才能达到信息的交流和沟通。主体性教学的学生观:没有差生,而只存在互相差异的学生;或者说,只有特优、优生、待优生之分。我们关注学生个性发展,提倡个性发展,更要理解个性发展,个性发展并非教师依照每个学生的意愿进行针对其个人的教学,学生喜欢什么学什么,而是根据学生的心理特点,尊重其主体感受,发挥其主体作用。教师要转变观念,课堂上必须把学生摆在主体位置,针对差异启发引导,独立探讨,获取知识,从真正体验到亲自参与掌握知识的情感,产生愉悦的情感体验,把体育学习看成一种既紧张又愉快的活动,从而自觉积极地投入到学习中去。

体育教育要生活化,教师在教学的应用中也要转变思想,抛开传统教育模式的束缚,从增进学生健康这一目标出发,认真分析教材的特点,仔细研究教法,最大限度地适应学生的需要,因材施教,充分展示其个性天赋,鼓励学生自觉、主动地进行创造性的学习。在跳绳课中,我先发导学案给学生,把花样跳绳设计的问题交给了学生,对我的问题非常感兴趣,最多的一组想出了 10 多种跳法,我不得不叹服发挥学生主体性的妙用。一个优秀的体育教师应该表现在对学生差异的充分认识上,对教学目标的充分理解上,对客体价值的充分发掘上,对教学方法的充分运用上,而不是利用教学舞台淋漓尽致地进行自我表现。

3.采用分层的模式建立平等的师生关系,注重学生创新能力的培养。体育教学是以实践课为主体的一门课程。在教学过程中,师生一起练习、游戏、比赛,共同分享胜利的快乐。我认为学生的感受是最真实的感受,学生的评价是最贴切的评价。我们体育教师应从学生的角度去审视自己,不断提高自身的素质,因为教师自身素质是建立良好师生关系的必要条件。

教师和学生的地位是平等的,两者之间存在着教师的教和学生的学的教育关系。体育教师必须树立正确的学生观,与学生民主、平等地进行合作交流,而不是高高在上、居高临下地进行"填鸭式""灌输式"的教学。这样,孩子只是在被迫接受,没有独立的见解和个性化的发挥。只有尊重学生个性发展的教师,才能赢得学生充分的信任和尊敬,从而提升其人格魅力,加快学生对知识的理解和掌握,形成最佳的教育情境。也只有这样的体育教师,才能激发学生的创造性思维,使学生自主创新,进一步促进个性的发展。

4.采用分层的形式运用多种教学方法,提高学生学习的趣味性。过去的体育课一般采用开始部分、准备部分、基本部分和结束部分,后来又改成了三段式教学程序,即开始与准备部分、基本部分和结束部分,这些简单的变化实际上就是换汤不换药。让我们换位思考一下:当整天待在教室的学生来到室外活动的时候,他们是想放松放松大脑和四肢,还是想一来到操场就面对严肃的老师,还有那些枯燥的、公式化的教学形式呢? 更何况是活泼好动的中学生。我在这里采用的方法是灵活多样、富有趣味性的教学形式。只有这样,学生才能感到体育活动的无限快乐。我采用"'271'高效课堂分层教学模式",先发导学案,让学生"自主、合作、探究",然后给学生上了一堂相当成功的"弯道跑技术"。学生先自选内容进行热身,然后按照导学案上的要求比较一下直段跑和弧线跑、弯道跑时的感觉,寻找不同之处,再反复体会在弯道上跑时的感觉,从而得出弯道跑的技术。

利用游戏引导学生完成各项教学目标。由于学生活泼好动,兴趣广泛,采用富有趣味性和竞争性的游戏法组织教学,有利于完成一堂课的教学目标。

例如,在刚开始集合时学生注意力分散,通过趣味游戏练习,可使学生的注意力在很短时间内集中过来,在准备部分通过安排各种小游戏练习,不仅可以改变单调的定位徒手操,还能激发学生的学习兴趣,使身体的各个部位逐渐进入工作状态。

采用多种多样的形式和内容施教,有利于激发学生浓厚的兴趣,使他们主动性、积极性得到充分发挥,提高教学效果。比如,通过选择多种多样的趣味练习,直观形象的比喻和模仿、新颖美观的场地设计,不断变换练习位置,采用集体、个人、小组甚至师生之间相结合的练习方法,并适当地配些优美的旋律等手段,来启发思维、激发兴趣、唤醒情绪,调动学生学习主动性。运用这样的方法,学生就能始终保持高涨的情绪。我采用"'271'高效课堂分层教学模式",先发导学案,然后上了一堂生动活泼的俯卧式跳高课。学生先自选跳高方法,并且自选不同高度的跳高架进行练习,教师再示范俯卧式的正确姿势(用左右两只不同的脚起跳,其方向不同),学生自始至终都在愉快的氛围中刷新自己的记录。课堂气氛活跃,学生练习的兴趣高,练习的密度大,练习的效果好。

运用接近学生"玩"的队形,来集中他们的注意力,提高兴奋性;过多的集合、站队不但会降低他们的兴奋性,还会分散其注意力。因此,在需要集体讲解示范时,不一定每次都要求集合站队或严格的队形,相反,可以让学生像平时"玩"一样,很自然地围拢在老师的周围,安静地听老师做必要的讲解示范和安排。这样既完全改变了过去那种集合站队单调的组织形式,使学生兴奋性得到调节,注意力得到吸引,又可以减少因不必要的集合而浪费的时间。

四、效果分析

1. 选项自主,兴趣至上。完全按照学生自主选择、合作学习、探究学习来开展模块教学,尊重了学生意愿、自主选择,"兴趣是最好的老师"。学生选准了自己既感兴趣又有基础的项目进行学习、练习和提高,学生学习体育的积极性高涨,课堂气氛浓厚,练习效果明显要好得多。

2. 角色转变,民主平等。现在教师只起主导作用,学生起主体作用;教师由发号施令转变为学生"自主、合作、探究"时的一个合作伙伴,师生关系更融洽;学生由教师要他学变为自己要学。

3. 因人而异,用人唯贤。现在我们先优先请本专业的教师上课,然后再来做调整。韩愈说过"闻道有先后,术业有专攻"。模块教学的师资更为专业化。这样一来,学生学习的兴趣以及提升的水平更快更高。学生亲其师,信其道,效果更好,这就成了必然。

4. 因材施教,分层教学。我们因材施教,结合自主选项进行分层模块教学,学生在感兴趣、同起点(或者起点接近)的基础上共同学习、共同探讨、互帮互助,在你追我赶中得到共同提高。

五、结论

作为体育教师,只有转变观念,以科学的态度、求真的精神来研究每一个预设、每一个过程,采用形式多样的教学方法,才能不断地激发学生的创新欲望,让学生发挥各自的想象力和创造力,这才是我们采用"'271'高效课堂分层教学"所倡导的高效课堂的真谛。

巧用接力棒培养七种意识

接力棒一般作为接力跑（赛）的专用器材，由整段木料、金属或其他适宜的坚固材料制成，长度为 28 ~ 30 厘米，周长为 12 ~ 13 厘米，质量至少 50 克。接力棒应涂成彩色，以便在比赛中明显可见。笔者通过多年的教学和训练积累，认为接力棒可培养学生七种意识。

一、培养集体意识

接力棒用于田径运动中的集体项目——接力跑（赛）。田径比赛的接力项目有男、女 4 × 100 米、4 × 400 米，有时还有 4 × 200 米等。通过接力跑（赛）可以训练几个人或多人互相配合、密切协作的能力，提高个人及整体的短跑水平，培养集体意识。

例如，将全班同学分成四组，排头同学分别站于以半径为 15 米画的圆弧上（圆内画一个"十"字形与圆弧的交点上），四组同学分别站于圆内的"十"字线上，按顺序依次进行接力练习。

二、培养爱国意识或民族意识

接力棒用于田赛项目中替代手榴弹。以前的军体课、体育课中有一个田赛项目投掷手榴弹，而现在的《体育与健康》课本中没有投掷手榴弹这一项目了。我用接力棒代替手榴弹进行投掷教学和训练，既提高了学生锻炼的积极性、投掷的能力，又结合抗日战争、解放战争进行德育的渗透，培养学生的爱国意识。或者，利用接力棒代替武术刀、剑、短棍进行自创武术套路练习，提高学生学习体育的兴趣感，提高学生学习武术的积极性。启发学生回忆霍元甲、陈真、郑成功等民族英雄，将中华武术发扬光大，强身健体，培养民族意识。

三、培养竞争意识

利用接力棒进行角力练习或推顶练习。两人互握接力棒的一端面对面站立，听哨音（或口令）开始用力，两人各自朝自己这一方拉，看谁能拉动对方，或者两人分别朝自己的左或右拧，看谁能将对方的手拧开，或者两人推顶（臂对臂、腹对腹和臂对腹推顶）。这些练习能比较全面地锻炼人体各器官系统,有效地增强力量,培养人的顽强斗志,培养竞争意识。

四、培养创新意识

"创新是一个民族的灵魂。"江泽民同志在全国教育工作会议上指出:"必须把增强民族的创新能力提高到关系中华民族兴衰存亡的高度来认识。"利用接力棒创编游戏,可激发学生学习体育的热情,培养学生的创新意识,提高创新能力。

五、培养审美意识

"爱美之心,人皆有之。"任何一个同学都希望自己身材美、五官美。教师指导学生利用接力棒自编一些基本棍棒操,既提高了学生学习体育的积极性,又帮助学生塑造美、欣赏美,培养审美意识。

六、培养拼搏意识

利用接力棒,组织学生进行耐力训练,既可提高学生的参与意识,又能克服耐力训练的单调、枯燥感,培养学生顽强拼搏的意志品质,达到提高学生的耐力素质,培养学生吃苦耐劳的拼搏意识的目的。例如,将全班同学分成四组,分别站于 4×100 米接力区的位置(每组都垂直站于跑道以内),由排头同学开始,每人跑完一圈或两圈后,分别依次交棒给后面的同学,看哪组最先完成。

七、培养终身体育意识

"生命在于运动""体弱多病壮志难酬"。教师可指导学生利用接力棒作为标志物进行跳跃、往返跑、障碍跑、迎面接力等练习,提高学生参加体育锻炼的积极性,培养终身体育意识,为学生将来能够"健康工作五十年,幸福生活一辈子"奠定坚实的基础。

"渐进"训练法在中长跑中的运用

"渐进"训练法,指在田径训练中,运用"循序渐进"的原理,将运动训练的强度、密度等负荷指标逐步加强,促使运动员的身体机能、运动感觉、运动成绩等逐渐进步、逐渐发展或变化的训练方法。中长跑是中距离跑和长距离跑的统称。男子 800 米、1500 米、3000 米和女子 800 米、1500 米属于中距离跑;男子 5000 米、10000 米和女子 3000 米、5000 米、10000 米属于长距离跑。练习中长跑能有效地增强体质和提高健康水平。长期从事中长跑锻炼,能改善呼吸系统和循环系统的功能,发展耐力素质,培养不怕艰苦和克服困难的意志、品质。下面以 800 米跑为例来说明。

800 米这个项目不仅是田径比赛中的项目,而且是我省体育专业考试中必测的素质项目(在总分 300 分中占 60 分)。(近几年,800 米跑不做素质项目了,800 米跑可以做专项了,满分 100 分。)但是,练习中长跑很单调枯燥,学生对中长跑有种"谈虎色变"的感觉,并且,要提高中长跑的成绩也很难。笔者通过几年的实验,将"渐进"训练法运用到中长跑中,利用短跑训练所建立的"速度感觉"来提高中长跑成绩,收到了显著效果。

实验对象、时间、项目比照表

实验对象	高中男子体育生	高中女子体育生
训练时间	两天一(一小)	两天一(一小)
训练项目	800 米	800 米
100 米实际速度	12 秒左右	14 秒左右
800 米分段跑时 100 米速度	16 ~ 16.5 秒	18 ~ 18.5 秒
800 米分段跑时 200 米速度	32 ~ 33 秒	36 ~ 37 秒
800 米分段跑时 300 米速度	48 ~ 49.5 秒	54 ~ 55.5 秒
800 米分段跑时 400 米速度	1.04 ~ 1.06 分	1.12 ~ 1.14 分
800 米分段跑时 600 米速度	1.36 ~ 1.38 分	1.48 ~ 1.51 分
800 米速度	2.08 ~ 2.12 分	2.24 ~ 2.28 分

一、建立 100 米跑的速度感觉

教练(教师)跟学生讲清楚男生用 16 ~ 16.5 秒,女生用 18 ~ 18.5 秒的速度跑完 100 米,注意采用站立姿势起跑,起跑后的加速跑加到最佳速度的 70% ~80% 后,利用惯性调整 2 ~3 步,保持这个速度跑完途中跑,直到最后冲刺。例如:训练体育专业生 800 米跑时,要求男生用 16 ~16.5 秒,女生用 18 ~18.5 秒的时间来跑 100 米,教师通过用秒表检测成绩,及时提醒学生,然后要求学生用同样的速度跑完八次 100 米(每跑完一次走回起点,接着跑第二次……)。学生感觉很轻松,并且兴趣也比较浓厚,休息 8 ~10 分钟后再来第二组 8 ×100 米,然后放松,进行小结。

二、感悟 200 米跑的"速度感觉"

利用"一"所建立的"速度感觉"跑 200 米,教师(教练)要求学生注意用站立式起跑,注意弯道技术(手臂动作、身体姿势、脚步动作),在 120 米时利用惯性调整 3 ~4 步,然后保持这个速度跑完全程。男生 32 ~33 秒,女生 36 ~37 秒完成 200 米后,放松慢跑或走回去,接下来跑第二次,用同样的速度跑 4 次 200 米。休息 8 ~10 分钟后再跑第二组 4 ×200 米。

三、领会 300 米跑的"速度感觉"

利用"一"和"二"的"速度感觉",用站立姿势在 1500 米起跑处跑 300 米,男生用 48 ~49.5 秒,女生用 54 ~55.5 秒的时间跑完全程。然后放松慢跑到起点,用同样的速度跑完三次 300 米,休息 8 ~10 分钟,再跑第二组 3 ×300 米。

四、体验 400 米跑的"速度感觉"

利用"一至三"点分别所"建立""感悟""领会"的"速度感觉"跑 400 米。男生用 1.04 ~1.06 分钟,女生用 1.12 ~1.14 分钟的时间跑完 400 米,休息 5 ~6 分钟后用同样的速度跑第二次 400 米。休息 10 ~15 分钟后用同样的方法跑第二组 2 ×400 米。

五、摸索 600 米跑的"速度感觉"

在 200 米的起点处,利用"一至四"点的速度感觉跑 600 米,男生用 1.36 ~1.39 分钟,女生用 1.48 ~1.51 分钟的时间完成 600 米,休息 8 ~10 分钟(放松慢跑过去),用同样的速度再跑三组 600 米,中间休息 10 分钟。

六、实施完整的 800 米跑

利用上面的"一至五"步所建立的"速度感觉"注意起跑、加速跑、途中跑、冲刺跑来实施 800 米全程跑。理想值:男生能达到 2.08～2.12 分钟,女生能达到 2.24～2.28 分钟。但是,由于速度、耐力、跑步时的松紧程度、气候、气温、心情等多方原因,有些同学比理想值稍慢点。但是,这种方法很受学生青睐,效果也很明显。

七、注意事项

1. 在利用"渐进法"训练 800 米时,也不能忽视一般耐力(如跑 3×1000 米)和专项耐力的提高(如 1×600 米,2×400 米,4×200 米,100 米+200 米+300 米+400 米+300 米+200 米+100 米,1 至 2 组等,这里的"1""2""3""4"分别代表 100 米、200 米、300 米、400 米)。

2. 始终向学生灌输一种"轻松、大步幅、快频率"的动作要求。例如,1979 年,身高 1.70 米的肯尼亚选手罗诺以拉近短跑的大步幅跑创造了四项中长跑世界纪录;1972 年,身高 1.81 米的芬兰选手维伦以快频率的技术夺取了奥运会两项长跑的冠军。

3. 初练时,教师(教练员)可将"速度感觉"先定低一些,循序渐进,慢慢地向上提升。并且,"渐进"到 600 米、800 米时,可适当放宽一点政策,即将速度定慢点,随着训练次数的增加、训练水平的提高,要求学生按"理想"值来实现。

落水及运动损伤的急救处理方法

急救就是紧急救治。俗话说:天有不测风云,人有旦夕祸福。在日常生活、学习、锻炼中,不可能总是一帆风顺,难免会遇见落水、运动损伤、毒蛇咬伤、运动性贫血、低血糖、眩晕症等。怎么办?我在一次理论课讲授过程中,同学们争先恐后地说:"拨打 120、110、119、122 等进行急救。"可是,如果没有通信工具,或者路途遥远,呼救的救护车不能及时赶到。又怎么办？现在,我针对落水及运动损伤做如下阐述。

一、落水

游泳或野外活动时落水,首先不能惊慌,不要乱挣扎,应保持镇静,头向后仰,面部向上,使口鼻露出水面进行呼吸,吸气要深,呼气要浅,使身体仰浮于水面,呼叫待救。会游泳者多为肌肉痉挛所致,也要吸气后仰浮于水面,用手握住痉挛肢体远端做缓慢伸展动作。这样痉挛即可解除。如小腿抽筋,用对侧的手握住抽筋之足,用力向头侧方向拉。同时,用同侧手掌在抽筋腿的膝盖上帮助抽筋腿伸直。如果是救助落水者,会游泳者应尽可能地脱去外衣和鞋,游到落水者附近,从侧面托住落水者的腋窝或下颌,然后将溺水者拖带出水面,并用仰泳拖向岸边;水性不好者,可用救生圈、木板、竹竿、绳索等救护,将落水者拖到岸上。

如果落水者已休克,应及时进行人工呼吸。将落水者仰卧,头部置于极度后仰位,把被救者口腔内的假牙、分泌物和呕吐物清除干净,并松开裤带、衣领及胸腹部衣服。把被救者的口打开并盖上一块纱布,救护者一手托起患者下颌,掌根轻压住环状软骨,使其压迫食道,以防止空气进入胃内;另一手捏住鼻子,深吸一口气后对准患者口部吹入。吹完气后,松开捏住鼻孔的手。如此反复进行,每分钟做16～18次,直至被救者恢复呼吸为止。吹气的压力和气量开始宜稍大些,10～20次后应逐渐减少,以维持在上胸部轻度上升为度。口对口人工呼吸与心脏胸外挤压最好由两人配合进行,两者频率之比为1∶4。牙关紧闭的被救者,可采用口对鼻吹气法,救护者用一手闭住患者的口,以口对鼻进行吹气,其操作同口对口人工呼吸法。如果采用心脏胸外挤压法,被救者仰卧在木板或平地上。救护者将双手掌重叠,掌根放在患者胸骨体的下半段上,肘关节伸直,借助于自身体重和肩臂部肌肉的力量,适度用力下压,使胸骨下段及相连的肋软骨下陷3～4厘米,随后立即将手放松,如此反复进行。成人每分钟挤压60～80次,小儿用单手掌根挤压,每分钟约100次左右。直到出现可摸到颈动脉或股动脉搏动,口唇、甲床的颜色较挤压前红润,经挤压后患者的呼吸逐渐恢复,扩大的瞳孔也随之缩小,出现自主心跳为止。

二、运动损伤

运动损伤以肌肉、筋膜、韧带、关节、肌腱腱鞘损伤为多见,损伤的表现常有擦伤、挫伤。轻擦伤可以抹点红药水;如果擦伤了皮肤的深层,有渗血或"清水"渗出现象,应将创伤面用清洁水或双氧水洗净,再擦上药水或消炎药膏包扎。挫伤指身体某部位受钝器打击,导致皮下组织受伤。轻者可轻轻按摩消肿,用茶水或酒调敷伤处;重者或疼痛剧烈,则应送医院治疗。如果发生扭伤,手脚发生肿胀,应先用凉水(最好是冰水)进行冷敷,也可用云南白药喷雾剂去喷,马上抑制由于局部毛细血管破裂造成的冲血。损伤如有出血,要采用止血方法,常用加压包扎止血法、加垫屈肢止血法、指压动脉止血法(压迫止血法)、止血带止血法。如果发生运动性贫血(或低血糖、眩晕症等)诱发的休克现象,救助者必须冷静,先拨打"120",然后按压患者的"人中穴""太阳穴""合谷穴(虎口穴)""劳宫穴""涌泉穴"等穴位,待被救助者清醒后,让患者喝50%含量的口服葡萄糖(高渗葡萄糖),或生理盐水、白糖水。

浅谈"家访"在带训
体育专业生中的地位和作用

所谓"家访"就是教师深入到学生家庭环境中,根据"一看二听三访"的原则,通过对家长及"社区"相关人员进行询问、调查和座谈等有效形式,全面了解学生所受家庭教育,及学生在家实际表现的过程,也是体育专业教师将体育教学信息及学生在校表现反馈给学生家长的过程。它能达到加强联系、增进友谊、促进了解、解决问题的目的。

一、家访有助于全面了解和把握学生在家、在校行为的真实动机

中学生的心理特点、思维方法和行为方式复杂多样、变化多端,有的学生在校内表现积极主动、热爱劳动、乐于助人,深受师生好评,而在家则表现得极为自私、懒惰,不愿为家人做力所能及的事;有的学生在训练中寡言少语,不太愿意参加群体活动,而在家却异常活跃、性格开朗;有的学生在校内循规蹈矩、严守校纪,在校外则寻衅滋事,甚至触犯刑律;等等。如果我们不注重家访,不深入到学生最广泛的生活中去,就不可能全面探究其思想及行为的根源,洞悉和掌握其应有的规律,从而难以做到有的放矢、因材施教。

二、家访能够全面了解学生的家庭状况,以便全面调动有利于专业训练的积极因素

专业教师通过家访,可以将班主任或其他任课教师反映过来的真实情况反馈给学生家长,以便有理有据,讲成绩不褒奖、奉承,说问题不夸大其词,说得学生心服口服,切忌登门告状,要多提出指导性建议。

体育专业教师家访时,一看学生家庭环境是否有搞专业训练的条件,看家长的身高、身材,判断学生继承了多少遗传因素;二听家长及社区所涉及的家庭经济状况、学生在家的表现,以及有无病史;三访涉及学生的发展前途,听取家长对学生送读的态度、积极性及所抱的期望值,或者家长对学校、班级、任课教师及专训教师的建议、看法、意见。通过详细的了解,更好地把握好学生,做好学生的思想工作,针对学生的具体情况,采取相应的训练方法、手段、措施,建议学生准备报考什么样的体育专业学校。

通过家访,探究清楚了在训练中有些学生面黄肌瘦、体力不支的原因。有家庭经济拮据的、有自己怕多花钱的、有身体体质虚弱的,专业教师就可以对症下药了。对于家庭经济紧张的,寻找企业界或社会上的名流支持帮助他们;建议学校除了减免一些费用外,适当给予一些困难补助,发动学生互帮互助;对于体质虚弱的,就帮助学生采取相关措施——加强营养、服用药物、调整练习内容等。例如:1999 年,我在汨罗三中带训 27 名体育专业生。我利用双休日、晚上这些时间,先后对 27 名体育

做高中体育教育的追梦人

专业生进行了一次家访,家庭经济拮据的占65%。其中有几名学生,如湛白龙,当时,他父母要停他的学,原因是家里建了新楼房,负债很多,送读无能为力。我先后两次到他家,跟他父母做工作,帮助他想了许多办法,硬是说服了他父母,当年他就考取了广州体院(湛白龙现在在广州白云区任交警大队的副大队长)。周静(上海体院毕业后,分配到上海市教书),他父母务农,已培养他姐读大学,家里相当拮据,无米下锅,我请学校领导同去他家做家访,通过多方想办法,将一个失学的同学留住了,当年他考上了上海体育学院。还有很多类似的例子。在当年的高考中27名同学中有17名考上大学,能取得这么好的成绩,这与及时家访,处理好学校、家长和教师的关系有很大的关系。

三、家访有助于加强学校教育与家庭教育、社会教育的有机结合

学校作为有目的、有计划、有组织的专门教育机构,专业训练教师在培养专业人才方面起主导作用。但是,它需要家庭教育的密切配合及社会教育的大力支持,才能有效地提高教育质量。因为学生比较多的时间生活在家里、在社会中,他们知识的获得、经验的积累、良好性格、习惯的养成、兴趣和爱好的培养,无一不与家庭、社会有着密切的关系。如果家庭教育、社会教育的内容、方式和方法,能和学校教育保持一致,就能增强教育的效果。反之,就会削弱甚至抵消学校教育的作用。学校、家庭、社会这三种教育能否保持一致,很大程度上取决于家访这一教育措施的有效实行。

有些家长的文化水平较低,缺乏教育的专业知识和理论修养,仅凭自己的主观愿望和一般经验来教育子女,不了解子女不同年龄阶段身心发展的特点和规律,难以做到科学育人。有些家长根本不知道学生搞体育专业到底是干什么事,对于那些认识不够的家长,我们专业教师尤其要重点"家访"。

例如,有位家长说:"姑娘家怎能去搞体育,穿着短衣短裤,不像个样,不能让她去野。"我召开一次专业生家长会后,亲自登门进行家访,家长在理解的基础上全力支持。功夫不负有心人,通过家访,学生家长同意学生学体育,学生学习更认真,训练更刻苦,当年(1995年)她考取了湖南师范大学体育学院,分配到湖南科技大学,她边工作边学习,又考取了研究生。因此,应帮助家长提高自身的素质和修养,转变陈旧教育观念,掌握教育的规律,提高家庭教育的科学性,把学校要求同个体家庭教育、社会教育有机结合起来,以期达到更好的育人效果。而家访正是实现这种需求的有效途径。家访是反映教学效果的一种有效途径。教育是面向社会的,而社会对学生的反映和评价,是判定学校教育教学和管理水平高低的一个基本尺度。这种评价具体体现在家长对学生在接受学校教育后,学生在思想道德、文化水平、专业知识、运动技术水平、知识结构和学习能力是否得到提高的考察上。笔者认为,作为一位带训体育专业生的教师,重视"家访"对他带训专业生,确实有很大的帮助。真正实施了"家校共建"的目的。

浅论逆序运动在体育教学与训练中的妙用

常见的逆序运动有倒立、倒退走路、后退跑、倒立行走、拔河、后滑步等。人体在剧烈运动,特别是在大强度、大密度运动之后,从科学放松的角度出发,进行倒立放松很有必要,并且效果很好。人在直立时,由于受地球引力的作用,颈、腰、下肢关节、骨骼会受到一定的压力,特别是剧烈运动后,由于重力加速度的作用,大量血液下沉,造成心脏供血不足,呼吸困难,脸色苍白,大脑短时间缺氧、缺血,如果不采用积极性的休息,就会导致运动性贫血,严重的还会出现运动性休克。尤其是有些人,剧烈运动后采用消极性休息,迅速往地上一坐或者一躺,那么,发生运动性贫血或运动性休克的可能性就更大。

正确的做法:两臂上举的同时深吸一口气,然后,慢慢下放并摆动手臂,上体协同慢慢前倾,反复做几次。接着,边做后退走,边放松,再做靠墙倒立(正反靠墙倒立,或两人手拉手,一人做倒立放松,然后轮换)。人体在倒立时,由于肌肉、骨骼系统间的神经反射作用,对内脏系统和神经系统产生积极的生理影响,改善了神经系统和内分泌系统的调节机能,消除了胸腔、腹腔、内脏器官的充血,使全身骨骼得到有效的放松,避免了大强度、大密度训练后的运动损伤。

后退跑,在田径及球类训练中的作用很大,有利于发展踝关节力量,提高后折腿跑的能力。因为后退跑的运动速度不是很快,运动量也不会很大,这对训练后或人体肌体疲劳状态下的人来说,不仅可以放松小腿腓肠肌,发展肱四头肌,提高学生学习体育的兴趣感,还可以起到调节运动情绪,改善放松手段的效果。后退跑因为其特殊的运动方向,和我们平时的运动和视觉方向相反。所以在运动时,就需要特别注意自己的身体协调平衡,以免摔跤或受伤。这种方式的锻炼,可以提高大脑对身体的控制能力,对身体的协调平衡,培养平衡能力很有益处。

倒立行走,在体操教学和训练中用得多,有利于发展学生的上肢、肩带、躯干力量,提高空中定向的能力,发展身体的协调性,放松身心,增强学习体育的乐趣感。倒立可以改善血液循环。正常人体受重力的影响,年老时会出现不同程度的供血不足而导致头晕,倒立后血液轻松供应给大脑,所以倒立会缓解大脑供血不足的症状。倒立后,因上肢承担全身的质量,所以对热量消耗巨大,对于没有时间减肥的人来说,这是一项不错的运动。

拔河,有利于培养学生的集体意识,磨炼意志,养成吃苦耐劳的习惯,发展上下肢及躯体的力量。拔河运动具有健身、竞技、娱乐、趣味等特点,最能展现出运动员们团结合作、奋力拼搏、健康向上的精神风貌。

后滑步,在篮球、排球教学训练中应用较多,能发展学生下肢的力量,提高快速灵活移动的能力。

摆臂中常见错误及纠正方法

在短跑教学和训练中,正确的摆臂动作很重要。但是,学生在跑步时经常会出现一些错误动作。下面是本人采取的一些纠错方法。

错误 1:一高一低,两肩不平

纠正方法:反其道而行之,让学生按顺时针方向跑步,或者在原地练习摆臂(弯道跑步时的左肩低、右肩高除外),也可站在相应高度的双杠下练习摆臂,还可两人一组面对面站立,一人用双手控制练习者的双肩。

错误2:全身紧张,肌肉僵硬

纠正方法:让学生嘴衔树叶、面带微笑、心情舒畅、目视前方,轻松自然、协调地做原地摆臂练习,然后通过慢慢跑步来体会、巩固。

错误3:左右摆臂,东拉西扯

纠正方法:向学生示范正确的摆臂动作后,让学生站在平面镜前,或者侧对墙壁,或者站在双杠中练习摆臂,待学生熟练、稳定后再提高摆臂的动作节奏,然后到跑道上去体会。

错误4:手拉风箱,以肘为轴

纠正方法:正确的摆臂动作是五指自然弯曲或张开,立腕(手和前臂在一条直线上),以肩关节为轴,肘关节的夹角基本上不变(往前摆时适当减小一点,往后摆时适当增大一些),轻松自然协调地摆动。要求学生多做原地摆臂动作或者面对墙壁,保持适当距离摆臂,控制前摆的幅度。也可两人一组面对面地站立,保持适当距离练习摆臂,控制手拉风箱。

错误5:直臂摆动,近似单摆

纠正方法:用两根橡皮筋分别系在手腕和肩部,控制前臂与上臂的夹角以防影响摆臂和跑步的频率,避免直臂摆动、近似单摆的现象出现。

错误6:近似打鼓,以肘为轴

纠正方法:用两根绳子分别系在两手前臂和上臂上,以便控制两前臂近似打鼓。根据练习者的不同身高,可以让练习者选择不同的"山羊",站在"山羊"的纵侧面练习摆臂。如果练习者的前臂往下打的话,就会打在"山羊"上面,这样可以警示练习者注意每次的摆臂动作,促使其纠正摆臂动作。

错误7:形似游泳,胸前抱水

纠正办法:把带凹凸的"锯子"形的物品系在胸前,如果练习者做"抱水"式游泳动作时,前臂和手就会打在带凹凸的"锯子"形物品上,那么练习者每"抱水"式地摆一次手臂,就会被"刺"一下。这样,可以促使练习者的两前臂夹紧身体两侧前后摆,而不在胸腹前后摆。

用摄像机(或手机)拍下学生的摆臂动作,然后反复放给练习者看,让练习者清楚自己的动作,知道错在哪里,如何去纠正。

做高中体育教育的追梦人

发展弹跳力的方法

在体育教学和训练中,发展弹跳力的练习方法有多种。笔者按原地与行进间、徒手与负重、单个与集体,将其分成三大类。

一、原地与行进间做跳跃练习

(1)原地跳跃练习

屈腿跳:双臂由两侧屈肘同时向上摆动(手臂尽量不要绕环摆),双脚蹬地跳起后迅速屈膝收腿,大腿尽量靠胸部。

分腿跳:双臂同时向上摆动,双腿跳起直腿收腹,双手触摸双脚面(叫作双飞燕)。

单腿交换跳:双臂同时向上摆动,单腿交换跳、屈膝,大腿尽量向前上方抬起,尽量做到贴胸。

半蹲纵跳:双臂同时向上摆动,模仿篮球中的跳投动作。

弓箭步交换跳:双臂同时向前上方摆动,两脚同时用力蹬地,放在后面的腿经后摆至前摆,高抬大腿,放在前面的腿由前向后充分伸直,两腿在空中交叉,落地成弓箭步。

(2)行进间跳跃练习

单脚跳:两臂交错摆动,单脚向前跳,跳时注意(起跳退、摆动腿)大小腿尽量收紧摆动。

连续跨步跳:两臂同时向前上方摆动,两脚交换蹬伸地面、摆动腿交换向前上方抬起。

连续多级蛙跳:两臂同时向前上方用力摆动的同时,两脚充分蹬伸地面、展体、收腹屈腿、伸腿落地。

二、徒手与负重做跳跃练习

穿砂背心、捆绑腿、肩负杠铃、手持哑铃进行跳跃练习,如负杠铃后蹬跑、负杠铃换腿跳等。

三、单个与集体做跳跃练习

双人换腿跳:两人面对面站立,互握对方的手下蹲,一腿屈,一腿前伸交换跳。

多人换腿跳:多人手拉手,围成圆圈,一腿屈膝,一腿前伸,听节奏同时跳起换腿。

两人同时跳:两人背对背站立,互勾对方手臂,屈膝下蹲,同时跳起,向左或向右,一人向前,一人向后,或两人同时向左或向右跳。

"体育与健康"课堂教学创新的研究

本文根据创新教育理论及"体育与健康"教学的特点,对体育教师在课堂教学中应怎样培养学生创新能力、体育教学创新有何特征、应处理好哪些关系等方面进行探讨。

积极推进和全面实施素质教育、创新教育,是实现科教兴国,培养21世纪所需人才的战略举措,是基础教育领域的一场深刻变革。教学是学校的中心工作,课堂教学是实施素质教育的主要途径。江泽民在全国教育工作会议上指出:"必须把增强民族的创新能力提高到关系中华民族兴衰存亡的高度来认识,教育在培养民族的创新精神和创造性人才方面肩负着特殊使命。"体育学科为学生提供了独有的、开阔的学习和活动环境,以及充分的观察、思维、操作、实践的表现机会,对于促进学生创新能力的开发提高,具有其他学科所无法比拟的优势。那么,培养学生的创造性思维和创造力,就成了"体育与健康"课堂教学追求的目标。一节体育课,从准备、实施到课后小结等环节,都可以体现创新改革。所谓创新教育,就是根据有关创造性发展的原理,运用科学性、艺术性的教学方法,培养学生的创造意识、创造能力和健康个性,造就创造性人才的一种新型教学方法。根据创新教育理论及学校体育教学的特点,体育教师在课堂教学中应当培养学生的创新能力,即学生的观察力、获得知识信息能力、创造性思维能力及创新实施能力等。根据创新教育的主要特征,对学生创新能力的构成与培养做如下阐述。

一、创新教育要注重智力开发

智力就是人的认识能力和创造能力或实践能力。智力是认识能力和实践能力的总和。智力是人脑功能的表现,是人的观察、记忆、想象、思维等心理活动中多种能力的综合表现。人的智力发展虽然主要依靠智育来完成,但人体发展智力的器官机能却有赖于体育活动。在教学中要利用图表进行观察,在练习中因势利导,启发学生的思维。

例如:要让学生跑得快、跳得高,应懂得人体运动的基本规律和人体的形态结构,从而使学生选择跑步、弹跳的最合理姿势和用力的科学方法。教师要为教与学的双边活动创造有利条件,在进行讲解示范和辅导时,教师在每个教学环节上注意启发学生的思维,开发学生的智力,使学生在整个教学活动过程中积极开动脑筋,把所学的知识变成感知,加深理解,从而获得学习上迁移和反馈的积极作用。短跑中采用蹲踞式起跑时,向学生介绍袋鼠的起跳,要学生模仿其动作,以便快速正确地掌握蹲踞式起跑。笔者用成语"猛虎下山""排山倒海""离弦之箭"来启发学生蹬地时要"猛";途中跑进时,用"脚下生风"来描绘跑进时的迅速程度;冲刺时用"饿狼扑食"来比拟冲刺的迅猛态势。实际上,学生学习知识,除了依靠注意力、记忆力、观察力、想象力等智力因素外,还要受到兴趣、情感、动机、意志和性格等非智力因素的影响。在创新教育中,教师重视调动学生的主动性和创造性,开发学生的智力,促使学生由"要我学"转变为"我要学",由"他律"转变为"自律",从而迸发出极大的学习热情,能够处于主动学习的最佳状态。

二、创新教育要注重多样化

1. 教学模式的多样化。它趋向于各种模式的综合运用、师生关系、学生与学生之间的关系、教学内容、教学安排、技能学习与学生心理发展,追求从被动学习到主动学习、从生理改造到终身体育意识的培养、从学会到会学的水平提高。教学模式的多样化,说明各种教学模式都有自己特定的适用范围。例如,在武术套路的教学中,常规教法是从起式到收式,而在创新教育中,我们从收式逆向探究,最后追到起式。我们还可以先教学生几个单个武术动作,然后启发学生自己创编套路动作,实践已证明,效果很好。

2. 教学方法的现代化。教学方法包括集体教学、分段教学、循环教学、提示教学、电化教学、分组考核、小组创编队形,以及理论教学等多样化的现代教学方法。教师要有意识地组织多样化、生动有趣的活动来感染学生,激发学生的兴趣。例如,组织学生观看有关录像、电影,访问体育明星,回顾我国体育发展史等,对陶冶学生性情、激发学生兴趣都很有好处。有条件的话,运用多媒体教学,会收到事半功倍的效果。

3. 教学内容的可接受性。课程设置应由单一的普通教学课向选项课、专项提高课、保健体育课等多样化的方向发展。体育教学内容由"以运动技术为中心"向"以体育方法、体育动机、体育活动、体育经验为中心"转移,但这并不意味着对运动技术教学的否定。不过,具体的教学内容将根据社会体育的发展、学生个体的需要及学校的教学条件,进行较大幅度的调整。非竞技运动项目、娱乐体育项目及个人运动项目的内容比重加大,内容的广度将拓宽,包括理论、技术、保健、素质等方面,呈现出多样化的趋势。内容的深度强调可接受性,突出健身性、娱乐性、终身性、实用性,以利于吸引学生主动地、创新性地参加体育学习和锻炼。

三、创新教育要注重自主性

创新教育倡导、鼓励学生求异创新,强调培养学生掌握独立分析问题的能力,独立地获取解决问题的途径和方法。在教学中,教师应注意综合运用开发学生创造力的各种方法,努力创设促使学生独立探索、发散求异的教学情境,如趣味型、知识型、时文型、激情型,形成鼓励学生自由发表独创见解、热烈讨论的课堂气氛。在教学中,教师应当尽量少讲,使教学内容保持一定的思维价值,推动学生思维能力的发展,掌握创新的方法。在体育教学中包含着各种要素,如教师、学生、教材、组织教法、学生生理和心理的发展,以及场地器材等。为了收到事半功倍的效果,教师应把握好以下几种关系:

1. 学生主体与教师主导的关系。以学生为主体的课堂教学是培养学生主动探索知识、增强主体意识的过程,应该想方设法调动学生的主动性,激发学生的积极性,鼓励学生发问和争辩,充分调动学生的参与意识,使学生成为课堂学习的主人,通过教师的引导和启发使学生获取知识。教师主导在课堂上表现为组织教学和启发思维。教师的主导作用发挥正确与否的根本标准,就是看是否善于调动学生学习和接受教育的主动性、积极性和创造性,是否使学生能生动活泼地、主动地得到发展,是否有利于保护和培养学生的好奇心、求知欲和探索创新精神与能力。以身体练习为主要形式来实现培养学生的创造能力。例如在跳高教学中,教师提出目标——看学生如何跳得高。通过学生实践,教师再讲评,得出结论——跨越式不如俯卧式,俯卧式不如背越式,因为不同的方法,它们的重心高度不同。

2. 建立新型的师生关系。过去的“天、地、君、亲、师”森严的等级观念,“一日为师,终生为父”的陈腐论调,“唯上、唯师、唯书”“唯师命是从,唯师训是依”的错误观点和做法,对学生的人格是无情的摧残,对学生的创新意识是无情的扼杀。新型的师生关系应当是一种以民主、平等、理解、尊重为基础的积极合作的关系,合作就应当是双向的、主动的、协调的、和谐的,而不是管与被管的关系。教师不是领导者而是指导者,不仅仅是年龄上的长者,更应当是人格上平等的朋友。新型的师生关系是良好创新环境的基础,注重培养学生的自主性并不失时机地加以正确的指导和引导,努力创设一种相对宽松、自由的教学环境,培养学生敢想、敢说、敢做的无畏精神,放开他们的手脚和大脑,让学生不迷信古人、不迷信名人、不迷信教师,使学生心情愉悦、思维活跃、视野开阔、乐于参与。这样,他们的主动性和积极性会得到充分的发挥,他们创新意识的萌芽会得到精心的呵护,其创新精神和能力也就有可能得以充分的发挥。

3. 处理好知识与身体活动的关系。首先,体育教学的基本特性是“以身体活动为主”。因此,创新教育应以“量”的多少和合理性进行评价,如运动负荷量、知识的信息、学生之间的交流量、通过活动获得情感体验的量等。其次,学生的进步应表现在所学技术难度的不断提高和知识浓度的增加,以及“感觉→理解→创造”的思维递进上。而在培养人格、促进学生的社会性、改善学习效果、增加运动乐趣等作用的认识和功能上,应得到充分发展。再次,身体活动外在表现(技能)的因素,除了来自于学习者本人努力之外,其他的因素(如遗传的身高、体重、肌肉类型及神经类型的不同)影响很明显,因此,体育课中的个体差异大于文化课中的个体差异。再加上体育学科的培养目标(为终生体育服务)和体育内容的相对可选择性(例如,同样为健身,既可以打篮球也可以打排球),创新教育应给学生选择的权利。这种选择体现在内容、难度、量和学习方法等方面。综上所述,创新教育就是在实施素质教育过程中以创新精神为核心,重点培养中小学生的创新思维能力及习惯、基本的独立操作能力与实践能力。这是创新教育最根本的目标和任务。要对学生进行创造力的培养,教师本身必须有创造力。因此,教师要依靠创新发展自己、充实自己、拓宽自己、延伸自己、超越自己,要有高度的工作责任感,要有强烈的创造意识,要有坚韧不拔、百折不挠、顽强的意志力。这对于教师来说十分重要。倘若把培养学生的创造力作为教育的目标,那么实现的前提就是教师的创造性工作。教师的创造性主要受自身素质——知识、经验、智力、个性心理品质等因素的影响。因此,提高教师自身的素质是培养学生创造力的基础,是完成 21 世纪宏伟大业——培养好人才的保证。

论教练员的自身修养

《孙子兵法》始计篇云:"将者,智、信、仁、勇、严也。"这句话是孙子提出作为优秀将帅所必须具备的五德。

一、智——智谋才能

古人说:"孙武尚智。"这说明孙武对将领智力能力的重视。随着社会的进步,人们对体育运动的兴趣提高了,体育强国彼此竞争的激烈化及各种新学科不断向体育渗透,都迫使教练员愈来愈多地依靠知识来充实头脑,用科学方法来进行训练、管理和研究。

现代竞技运动场上竞争的背后是科学技术和智慧的较量,现代的竞技体育运动涉及生理学、医学、生物力学、生物化学、统计学和电子科学等自然科学和技术科学,以及社会学、心理学、教育学等学科领域。在这种飞速发展的情况下,作为一个教练员,如果孤陋寡闻,那么他就很难在训练中取得好成绩,在研究上获得好的创新,在管理上收到好的效益。例如,马家军教练——马俊仁,他博采众长,精心研究,自创"三氧"综合训练法。即"有氧、混氧、无氧"训练法。在训练中,他"三氧"都抓,注重合理安排"三氧"的比例、组合、方式、课次、间歇、负荷量、负荷强度、训练阶段和专项需求。他亲自抓饮食(煎补药、熬鸡汤),增强体质,恢复体力;他采用超强度训练(在海拔2000多米的内蒙古高原训练,以增强运动员的心肺功能,提高耐久力);他临场巧指挥;他多谋施战术,采用"连环迷魂阵"即轮流领跑,以群体力量挫败竞争对手。这难道不是智慧的结晶吗?

二、信——赏罚有信

杜牧在《十一家注 < 孙子 >》中有言:"信者,使人不惑于刑赏也。"

教练员为了严于刑赏,首先要树立自己的威信,使队员信服。威信是一种影响力,一种潜移默化、为众人乐于接受的影响力。教练员能否在训练中树立威信的重要条件之一,就是训练是否有效。如果叫队员去苦练,队员也按你的要求去练了,可是运动成绩就是上不去,那么他们就会怀疑你教的这套东西。这就要求教练员自身的素质要过硬,包括示范动作准确、姿势优美、具有吸引力;理论知识丰富,具有权威性、感召力;技战术科学,具有诱惑力。教练员应赏罚分明,在日常训练中,表扬可促进教学工作顺利进行;对于罚(批评等)教练员则应审慎行之,并针对训练和比赛不同的时机,选用不同的方法。与此同时,对队员应言行如一,以心换心。例如,制订的训练计划,运动员要严格执行,教练员就不能随意更改,要取信于运动员。

三、仁——爱抚士卒

《孙子兵法》地形篇:"视卒如婴儿,故可与之赴深溪;视卒如爱子,故可与之俱死。"这句话的意思是说:将帅对士卒能像对待婴儿一样体贴,士卒就可以随将帅赴汤蹈火;将帅能像对待自己的"爱子"一样,士卒就可以与将帅同生共死。

对待队员要从政治上帮助,生活上关心,训练上指导,学习上引导,晓之以理,动之以情。只有通情达理,才能把运动员团结在自己的周围,同甘苦、共患难、齐拼搏,才能为了共同的目标把训练和比赛搞好。当然,作为教练员应为运动员的长远发展着想,不能为了自己的眼前利益而不顾运动员的长远发展。有些教练员有揠苗助长、急于求成的心理,如有些教练员带训少年运动员,不讲求循序渐进、从实际出发的原则,想一口吃成胖子,超强度、超密度训练,致使少年运动员的运动生命期缩短;更有甚者,致使运动员遍体鳞伤,这是很值得教练员注意和重视的。

四、勇——勇敢果断

《孙子兵法》中论述勇,即有勇无谋是冒失,有谋无勇是迂腐,有勇有谋才值得提倡。对体育运动来讲,勇敢一般指为了达到预定的目的,在遇到困难甚至危险的时候,仍能毫不迟疑地去行动。果断,对对抗性项目的教练员来说,也非常重要。在比赛中,教练员根据场上情况,果断做出决定,或乘胜追击,或退避防守,这对比赛的胜利影响很大。如篮球比赛时,当场上出现本方队员乱了阵脚,或者对方连连得分时,教练员应该果断地向记录台请求暂停,而不能犹豫不决,让这种情况继续下去;当比赛场上出现本方队员领先,而时间又快结束时,教练员应果断告诉场上的队员控制住球,更进一步加强防守,确保即将到来的胜利。特别是现在"三对三"全场四节的篮球赛,采用"田忌赛马"的形式,当对方上场队员实力较强、水平较高,教练员应果断告诉场上的队员,尽量控制住球,避免将比分拉开太多。又如,进行中长跑时,当别队队员一直领先,而本方队员体力跟不上,但速度较快的话,教练员应果断告诉本方队员紧追不放,待最后接近冲刺阶段时,猛冲向前,后发赶超,力争夺冠。

五、严——军纪严明

《史记·孙子吴起列传》中:"约束不明,申令不熟,将之罪也;既已明而不如法者,吏士之罪也。""臣既已受命为将,将在外,君命有所不受。"意思是"纪律不明确,交代不清楚,这是将帅的罪过;既然已经受命为将,将军在军队中,对国君的命令有的可以不接受。"他便按军法斩了吴王阖闾宠爱的两个妃子。

在训练中,教练员以身作则,不迟到、不早退、不缺席,不穿便装,不穿皮鞋。这样,教练员就能做运动员的表率,率先垂范,为人师表,教练员也就能从严要求运动员了。如果训练中运动员任意迟到、早退,不完成规定的运动量和强度,训练的质量就不会有保证。同样,平时要求不严,比赛时就会成为一盘散沙。

从总体上讲,教练员应"五德"兼备,不能偏重其一而废其他。正如《十一家注〈孙子〉》中所说:"专任智则贼;偏施仁则懦;固守信则愚;恃能力则暴;令过严则残。五者兼备,各适其用,则可以为将帅。"

战国时的孙子能提出如此高见的为将"五德",时处 21 世纪的教练员,肩负培养高素质人才之重任,应很好地借鉴、学习,努力提高自身的素质,培养高素质的运动员。

简论优秀体育教师的素质

著名教育家陶行知说:"在教师手里操着幼年人的命运,便操着民族和人类的命运。"

时处 21 世纪新一轮课程改革大潮中的体育教师,应该是胸怀祖国、关注社会,师德高尚、富有爱心,博学多才、教学精湛,事业心强、责任感强、因材施教、开拓创新,培养学生高尚人格,组织指导学生探究问题,启发、帮助学生解答疑难的师长、朋友。做一名体育文化人,而不是"头脑简单,四肢发达的体育文盲"。体育教师要以"健康第一"为指导,面向全体学生,培养学生健康的意识和体魄,注重学生的运动爱好和专长,帮助学生学会学习,努力改革课程内容与教学方式,激发学生学习体育的兴趣,帮助学生养成终身体育的意识,促进全民健身,提高国民素质。

一、胸怀祖国,关注社会

明清时期著名经济学家、思想家顾炎武倡导:"国家兴亡,匹夫有责。"台湾忠信高级工商学校校长高震东在演讲时,将"国家兴亡,匹夫有责"改为"国家兴亡,我的责任"。他说,唯有这个思想,我们的国家才有希望。他那所学校是台湾享誉30年以道德教育为本的学校,在台湾各大报纸招聘广告上,经常出现"只招忠信毕业生"字样。真是"有一个好校长,就有一所好学校"。教师的思想,其重要作用就不言而喻了。作为一名体育教师,要胸怀祖国,关注社会,才能培养学生爱祖国、爱社会、爱人民。我在多年的体育教学和训练中,经常将德育渗透到其中。如女排在国际大赛中获11连胜,刘翔在110米跨栏中获世界冠军,邢惠娜在女子10000米中获冠军……他们顽强拼搏,为国为民争得了不少荣誉,每当中国的国旗在赛场上升起时,他们将右手放在胸部,唱着国歌,并激动得热泪盈眶。

二、师德高尚,富有爱心

"学高为师、身正为范""身教重于言教"。教师要为人师表,加强个性修养,做学生的表率。俄罗斯唯物主义哲学家、文学评论家车尔尼雪夫斯基说:"要把学生造就成一种什么人,自己就应当是什么人。"法国十八世纪启蒙思想家、教育家卢梭说:"做教师的只要有一次向学生撒谎撒漏了底,就可能使他的全部教育成果从此为之毁灭。"可见师德的重要性。前苏联教育家苏霍姆林斯基在《帕夫雷什中学》一书中阐述了一个好教师的标准:首先意味着他热爱孩子,感到跟孩子交往是一种乐趣,相信每个孩子都能成为一个好人,善于跟他们交朋友,关心孩子的快乐和悲伤,了解孩子的心灵,时刻都不忘记自己也曾是个孩子。体育教育要有爱心,没有爱心是危险的。具有爱心是成长为一名优秀教师的基石。教育家李镇西最强调教师要有爱心。然而,在实际教育教学中,我们教师有的产生了不同程度的职业倦怠,爱心渐渐地减少了分量,进而产生了消极、困惑、埋怨等不健康的心理,这是一件很危险的事情,如果不加以消除,就会有很大的隐患。有真正的爱心,体育教师就不会逼学生为片面提升运动成绩而不讲究科学的教学和训练,不顾及学生的身体和心理,揠苗助长,鼠目寸光,不运用发展的眼光来看待学生;就不会厌恶后进生;就不会对一些不良的教育现象视而不见,听之任之。就会和学生交朋

做高中体育教育的追梦人

友,和他们一同快乐、一同忧伤,把自己当作一个孩子去和学生平等地相处。教育是爱的事业,我们要用爱心来呵护祖国娇嫩的花朵。爱学生,喜欢和他们一起生活、学习、娱乐。亲其师,信其道。我在带训专业队时,训练前为队员准备茶水;训练中及时发现队员存在的问题,及时为他们纠错讲评;训练后教他们放松的方法,有时亲自为学生按摩放松、按摩疗伤。我担任班主任工作时,为学生讲运动、营养、健康、记忆、休息等相关知识;夏季为他们备凉茶、凉药;冬季为他们备热茶、衣服、被单、烘干机(遇上连阴雨天,特别是梅雨季节,寄宿生的衣服、鞋子、袜子都需要烘干);为家庭困难的同学交学费、买饭菜票等。在学习上辅导学生,在生活上帮助学生,在思想上开导学生,可以说是爱生如子。

三、博学多才教艺精湛

陶行知说:"要想学生好学,必须先生好学。唯有学而不厌的先生才能教出学而不厌的学生。"要给学生一滴水,教师必须要有一桶水。苏霍姆林斯基说过:"要天天看书,终身以书为友,这是一天也不能断流的潺潺流水,它充实着思想。"韩愈说过:"书山有路勤为径,学海无涯苦作舟。"教师要做到教学相长,要不断给自己充电,与时俱进。苏霍姆林斯基在《帕夫雷什中学》一书中阐述:一个好教师应精通他所教的科目据以建立的那门科学,热爱那门科学,并了解它的发展情况最新的发现,正在进行的研究以及最近取得的成果。教师的知识越精湛,视野越宽广,各方面的科学知识越宽厚,他就在更大程度上不仅是一名教师,而且是一位教育者。一名优秀体育教师要精通心理学、教育学、医学及专业知识,要热爱体育事业,精通体育的基本知识、技能、技术,并且是这项工作的能手。体育教师要有极强的管理能力,要能胜任班主任工作。这样,班主任效应就可以得到彰显,自然他(她)所带的专业生所需要达到的目标就能实现。可见,体育教师必须博学多才。体育教师要了解自己所教学科的课程,掌握教学技能,完成所有有效教学所涉及的所有活动。体育教师要甘于教学(信念)、忠于教学(态度)、善于教学(方法、技能、个人的个性智慧、一个人的综合素质),用爱心去帮助孩子。体育教师要密切关注自己专业的发展,不论是刚走上讲台的新教师,还是有着多年教龄的老教师,都应跟上所学专业的发展趋势。教师对教学要有饱满的热情,能使学习充满乐趣。成功的教师对教学是投入性的。课堂上,他们不是站在某一固定的地方,而是活跃于课堂的每一个角落。教学需要弹性,要能够根据具体情况调整教学,而不是呆板地遵循教学计划,要能够敏锐地感觉到学生需要,从而不断改变惯例和规则以帮助学生。在教学过程中,教师要用多种有效的手段和方法,激发学生的学习兴趣,把学生主动、全面的发展放在首位,突出学生的主体地位,创造性地运用教学方法,营造和谐、民主、宽松的课堂教学氛围,挖掘教材潜在的兴趣点和育人功能,让学生明确"为什么学"和"怎样学"。课堂气氛要活跃、生动,具有亲和力,教学要风趣、幽默,具有吸引力。

四、事业心强,责任感强

俄罗斯教育家乌申斯基说:"教师是克服人类无知和恶习的大机构中的一个活跃而积极的成员,是过去历史所有高尚而伟大的人物跟新一代人之间的中介人,是那些争取真理和幸福的人的神圣遗训的保存者,是过去和未来之间的一个活的环节。"韩愈在《师说》中写道:"师者,所以传道、授业、解惑也。"体育教师,应该热爱党的教育事业,把教书育人当作自己的最爱,当作一项神圣的职责。体育教师有效地组织教学,能使学生拥有更多有效的学习时间。体育教师对待教育事业,责任感要强,事业心要强,要有奉献精神,要耐得住孤单、寂寞,要守得住清贫,不受金钱、名利的诱惑,一心为了学生的健康发展。体育教师起早摸黑,风里来雨里去,无论春寒料峭、夏日炎炎,还是在刺骨的寒风中,都要无怨无悔。

五、因材施教,开拓创新

体育教师既要面向全体学生,又要因材施教。教学面临的最大挑战之一,就是学生有着很大的差异性。体育教师要综合运用听觉、视觉和动手技巧组织教学,并要对学生进行个别辅导。要采用"自主、合作、探究"的教学模式进行教学和训练。

创新是一个民族的灵魂。体育教师要多启发学生。多向学生提问(直接向全班或个别学生提问)是一种有力的教学工具,能有效地培养学生的创造性思维。向学生提问时,要留出一定的思考时间,不要立刻请学生回答。体育教师要培养学生的创新思维和创新能力。在教学过程中,将体验式的教学融入原来枯燥的教学内容中,即寓教于乐,多用赏识、赞美、肯定的语气对待求知的学生。

"望、闻、问、切"在"体育与健康"教学中的运用

作为新课程的一门突破性学科——"体育与健康"教育,其性质是促使受教育者的自主性得以发现、发展、实现的实践活动,它所承担的根本任务就是培养学生的探索精神、创新意识,以及促进学生自主的学习,使学生通过"三基"教学,学会学习,学会自我锻炼、自我评价,学会科学的锻炼方法,使学生能够在学习中生动、活泼、主动地进行学习,为身心健康的发展和终身体育奠定基础。所以,如何在中学"体育与健康"教育教学及训练中渗透对学生创新能力的培养,对每位体育教师而言,应当是无可回避的且有待不断研究的重大命题。笔者联系教育教学及训练实践中的改革尝试和切身体验,就体育教师怎样通过"望、闻、问、切"等四种手段在教学活动中关注学生,培养创新意识与实践能力的问题做一粗浅探讨。

一、望,即望全身(眼神、肤色、姿态);望局部(头发、面部、舌头、躯体、四肢、皮肤等)

教师在进行教育教学及训练时,如发现学生的眼神不集中,说明学生已走神、心不在焉。此时可启发学生回答"身在曹营,心在汉"的典故,能及时集中学生的注意力;如发现学生的眼珠、皮肤都带黄色时,要提防学生是否营养不良,或有肝胆方面的毛病,注意运动量的调整;如果学生的动作姿态不标准,或呈现出无精打采的状态,学生可能比较疲倦了,应及时调整运动的强度或密度,减轻运动负荷,

放松或休息;如发现学生脸色苍白,有时呈紫色,排汗量相当多,尤其是整个躯干部分,并且呼吸快且浅,有时节奏紊乱,协调性、稳定性、速度大幅度下降,用意志难以控制,注意力不能集中,接受信号缓慢等症状时,可断定学生相当疲劳了,应及时放松或者休息;如果发现学生面部或四肢浮肿,有中暑或脾、肾毛病等,应立即停止运动,去看医生。

例如,在教学或训练耐久跑时,有些学生怕晒太阳、怕吃苦,有慢慢跑动的,也有干脆不跑请病假的,如果教师或教练员正确把握中医诊法中的"望",就能很好地处理学生的各种情况。

"望"即观察,教师通过观察学生,发现并确认开展教学活动的依据,从而为学生提供参与创造性实践活动的机会。中学阶段是学生个性自我意识开始觉醒和初步形成的关键时期。在这一时期里,他们特别敏感,对自身和外部环境表现出更多的关注,如自己的外貌、体形、能力,以及自己在群体中所处的地位等,会形成各不相同的性格和气质。因此,教师首先必须通过观察,掌握学生的性情特点,然后遵循个性差异的原则设计施教方案,使每个学生在教学活动中积极投入,都能进入教学的主体角色。从而既激发他们的参与热情,又开发他们潜在的创造能力。

二、闻,即闻气味,听呼吸节奏

如果闻到学生或运动员呼出的气体有臭味,那么,该生可能有肠、胃方面的毛病,也可能是龋齿或口腔不洁。对于肠、胃有毛病的学生,教师要及时提醒他们注意饮食卫生及规律,不要吃生冷及辛辣、难于消化的食物,注意保暖,经常按摩腹部,适当适时服些药进行预防或治疗。教师针对这些情况正好借题发挥,进行体育与健康结合是世界教育改革的趋势,关注人类的健康是 21 世纪国际社会的共同主题。世界卫生组织对课程体系的阐述,比专门去上理论课的效果要好得多。从而进一步说明体育健康所下的定义:"健康不仅是没有疾病,而是生理的、心理的健康和社会适应的良好状态。"教师要想方设法地听取学生对教材的理解与分析,鼓励他们大胆创新,勇于实践。德国著名教育家第斯多惠曾说:"教学艺术的本质不在于传授,而在于激发、唤醒与鼓舞。"

三、问,"一问寒冷、二问汗、三问头身、四问便、五问饮食、六问胸、七问聋、八问渴、九问旧病、十问因"

教师在教育教学活动中,要注重反馈,多问学生,以便及时把握学生的情况。教师的课堂提问必须是素质教育的基本原则,且经过认真设计的产物。可以说,成功的课堂提问是激发学生创新意识,促使学生不断实践的催化剂。课堂提问是激发学生求知欲望和发展学生思维能力的重要手段之一。因此,教师在使用它时,必须贯彻指导性、启发性和创意性的原则。例如,在某项技术动作中,教师可通过问学生的感觉怎样,来把握学生的掌握情况,便于及时纠正或采用相应方法来提高。

四、切,即切脉

心率(也称脉率)是用来测定体育课或训练课运动负荷的一种简便方法。据日本研究,学生脉率每分钟在 130 次以下,练习无精打采,没有朝气;每分钟在 130 ~ 150 次之间,练习的兴奋性高、持续时间长、锻炼效果好;每分钟在 150 以上,持续练习 2 ~ 3 分钟就会出现疲劳。有研究提出,体育课学生脉率每分钟在 130 ~ 140 次之间最为适合。为了避免体育课的运动量过大或过小,教师自己必须懂得测脉搏,同时还要教会学生摸脉搏、数脉率。一旦发现运动量过大或过小,应在练习次数、时间、强度和密度等方面进行调整,使大多数学生的脉搏能够保持在每分钟 130 ~ 140 次的最佳范围内。体育课中,同样的运动量,对一部分学生可能正好,对另一部分学生就可能过大或过小。教师要把握好,因人而异,因材施教。要做到让每个学生的运动量都符合自己的实际情况,单靠脉率还不够,还需要依靠脉象了解学生状况。中医学把脉象整理为缓、浮、沉、迟、数、虚、实、长、短、弱、细、微、结、涩、散、促等 27 脉,通过脉象可以了解学生的健康状况。一般来说,脉搏跳的规则、柔和、均匀、不迟、不数、不浮、不沉,是健康的表现。如果脉搏时跳、时停、数、小、细、弱,多半是身体不正常或有病的表现。

体育教师正确掌握了中医诊法——"望、闻、问、切"四法，有利于"体育与健康"课的教育教学及训练质量的提高，有利于对学生进行创新意识与实践能力的培养，有利于避免教育教学及训练中的运动损伤事故。

"两级蛙跳"的训练方法初探

两级蛙跳，是 1992、1993 年湖南省体育专业生的一项素质测试项目，其要求很高，男生跳 5.8 米得满分，女生 4.9 米得满分。它对考生的腿部力量、跳跃能力、协调性、身体姿势，以及腰腹力量等，都是一项极为严格的检测。要提高两级蛙跳成绩，实践证明，应从以下几个方面考虑和着手：

1. **要掌握其技术要领**。要求学生训练时，两脚并拢或稍分开一点，并且两脚尖正对前方要平行、要齐。第一跳落地时，两脚尖要齐且正对前方，采用积极的"滚动式"着地技术，即后脚跟着地迅速滚动到前脚掌做起跳动作。

2. **两跳的比例要合理**。第一跳不能太远，大约占全距离的 40% ~ 45%。否则，就会影响第二跳的距离。在训练时可将全距按比例划成两份，用两条平行横线隔开，在两条横线上划一条正对跳跃方向的垂直于平行线的直线，在交叉的"十"字处划得特别显眼一些，以便有一个明显的目标，争取每只脚都踏在"十"字交叉处，或"十"字交叉处附近，确保前进方向在一条直线上，避免走斜线。另外，从力学的原理来分析，要特别注意自己的脚尖正对跳跃方向。因为这样地面能够给人一个正对前方的反作用力。

3. **手臂摆动及身体姿势要正确**。预摆时，身体直立，两臂由体侧下方上摆，屈膝半蹲，两手臂由肩上方经前摆至体后方。第一跳时，两臂同时向上摆起，双脚起跳，身体成反弓型挺开，落地时，两臂同时用力向下压。第二跳时,手臂动作同第一跳,腾空时,身体成反弓型挺开之后,落地时,两臂由头上部两侧同时用力向下压,身体要尽量使腹部收紧。与此同时,向前方屈双膝跪地或向侧倒地,上肢、上体向前下压着地。

4. 注意落地动作。落地动作的好坏,直接影响到两级蛙跳的成绩,落地技术好,成绩可以提升 30～40 厘米,有时更远。要改善落地技术,可多做立定跳远的训练,掌握两臂协调摆动,快速起跳,轻巧落地的技术。开始时,应做些两臂前后自然摆动和两腿的弹性屈伸练习,以及原地向上起跳、展体、落地送髋等动作。当落到跳起时最高点与落地点的三分之一处,向前下方伸小腿,应掌握好这个伸腿时间,还可采用双膝前跪,身体向侧或前倒下的落地技术。落地动作的好坏与腰腹力量有很大关系。落地的同时,两臂前划、收腹。

5. 提高腿部力量和跳跃能力。其练习方法:

(1)杠铃半蹲、全蹲 40～60 公斤。蹲杠铃时,下去要慢,起来要快,同时伸踝,上体要直,身体直立腾起,一般采用轻而次数多的方法。这样,有利于腿部和踝关节力量的提高,特别是腿部和踝关节爆发力的增强。

(2)负杠铃弓箭步走,重量 30～50 公斤。要求动作要到位,前腿弓,后腿绷,挺胸,两脚尖正对前方。

(3)多级跨跳,一般采用 60～80 米,做多级跨跳时应特别注意手臂的协调摆动,手臂应由体侧屈肘向上摆起,带动身体向斜上方拉动,而不能左右两臂前后摆动,或直臂划弧摆动。

(4)多级蛙跳,能够很好地提高落地动作的质量,一般可采用 30 米×5 组。

(5)单足跳,100 米×2 组左右轮换;80 米×3 组左右轮换;50 米×4 组左右轮换。

(6)跳深,可在沙坑边放跳箱,从跳箱盖上用力跳下练习落地。

(7)跳台阶,要求连续多级。

(8)连续跳上坡,坡度在 30 度左右。

(9)三级跳远,助跑、单脚跳、跨步跳、双脚落地。

(10)连续做跳远中的大腾空步练习。

(11)徒手或负重做踝关节的屈伸练习。

6. 提高协调性。实践证明,在跳跃的过程中,摆臂技术的好坏,对跳跃的效果有直接影响,良好的摆臂技术是取得优异成绩的重要方面。因此,在平时练习中,要注意手、腿动作的协调,密切配合。

对我校大课间体育活动的初步探讨

大课间体育活动是学校体育活动的一种新形式。在练习过程中,自由结合,自由选择练习项目,自由支配练习时间,充分发挥了学生的自主性。从而对学生各方面能力的培养起着积极作用。

如何进一步落实《学生体育工作条例》规定的"保证学生每天有一小时体育活动的时间(含体育课)"的精神,给学校体育工作提出新的要求,我们要始终树立"健康第一"的思想。

如今,大课间体育活动已成为我们学校一道亮丽的风景线。下面我谈一谈对大课间体育活动的认识与做法:

一、大课间体育活动的内容与特点

大课间体育活动,既是传统课间操的延伸,更是传统课间操的扩展,关键是要做好"大"的文章。

我们认为:大课间体育活动应突出四方面。

(1)活动时间长。在原传统课间操时间基础上再延伸 10~15 分钟,为 30 分钟。

(2)活动内容广。与原来课间操相比,内容更加丰富,主要内容有:广播操、韵律操、集体舞、民族传统体育、长跑、拔河、跳绳、多种游戏、游艺活动、自选身体素质锻炼等传统项目。学校可根据季节、活动场地、学生兴趣爱好、传统体育项目等实际情况,安排或引导学生练习。

（3）活动形式活。大课间体育活动含有非指令性、非同步性，改变了原来课间操"统一指挥，步调一致"的单一模式，课间活动各班可根据本班实际，分班组织进行，学生根据自身的爱好、兴趣、特长等自由组合，自由选择练习项目，自由支配练习时间。

（4）参与人数广。大课间体育活动是一项群众性的锻炼形式，要求全体学生参加，在锻炼中进行娱乐。同时，也要求广大教师积极参与组织、共同娱乐、相互促进、共同提高。

二、大课间体育活动所反映的素质教育特征

大课间体育活动作为学校体育活动的一种新形式，与第三次全国教育工作会提出的"关于深化教育改革全面推行素质教育的决定"是完全吻合的。实践证明，大课间体育活动能够表现出以下几个方面的素质教育特征：

（1）能充分体现全体性和发挥学生的主动性。大课间体育活动是以学生为主体、练习为主线的身体练习形式。它能让每一个学生都能平等地受到体育教育，进行身体的锻炼，让每一个学生都能享受体育的乐趣。在练习过程中，学生自觉地去练，在练习中总结，在练习中摸索，在练习中提高，每个学生都能表现出强烈的参与意识。学生的能动性、创造性、自主性也能得到充分发挥。

（2）能充分促进学生的个性发展。素质教育是从人的差异出发，通过教育，使每个人在原有的基础上得到发展与完善。素质教育不搞教育平均主义，而是要让学生的个性得到充分发展。大课间体育活动，既能提高学生自觉参加体育锻炼的积极性，又能培养学生自学能力、组织能力、口语表达力、指挥能力、集体意识。能让学生的身体在练习中找到自己的"角色"而尽情地表观，尽情地发挥，从中体验成功的喜悦，使他们的个性得到充分显现与发展，有竞争欲的可得到增强，好胜心强的可以得到满足，有领导才能的可以扬其所长，有技能技巧特长的可得到充分显示，等等。每个人都有表现的机会，每个学生都能得到心理上相应的满足。

（3）能提高学生体育学科能力。体育学科能力不是单纯的体质、技能，也不是面面俱到的各种能力的累加，而是一种具有生产和创造性的体育学习能力和实践能力,是一种综合性的体育实践能力。

在大课间体育活动中,把有限的时间和空间交给学生,让学生在练习中逐步掌握运动技术。学生在自由组合的过程中,频繁交往,规范了自己的言行,缩短了彼此心理距离,增强了小集体凝聚力,不仅有利于提高学习效率,而且有利于培养正确的人际交往能力,学生在自由选择练习手段的同时,增强了对体育学习方法的了解。学生根据教师平时所教的知识、方法进行同步适当的改造,以适应自身状况,能培养学生的创造性。同时,还培养了学生自我检查的能力,扩大了学生的知识面;学生在自由支配练习的过程中,根据实际情况可以多练、少练或在一方面不练,充分培养了学生自我调整、自我控制等方面的能力。

(4)能加强学生思想品德教育。大课间体育活动具有活动空间大、干扰因素与突发事件多的特点,学生的学习态度、动机、注意力、情绪、意志、自觉性、积极性、纪律性等心理活动和思想问题容易暴露,为成功教育找到了突破口。所以,我们可以抓住机会,因势利导,对学生进行思想品德教育,对培养良好的体育精神、道德、思想、民族意识等,都能产生直接的潜移默化的作用。例如,体操、障碍跑等内容,可以培养学生勇敢、顽强的精神;中长跑可以培养学生坚韧不拔的毅力;球类项目可培养学生团结进取、勇敢拼搏的精神;民族传统体育可以向学生进行爱国主义和民族精神的教育;韵律操和舞蹈可以陶冶学生美的情操。

(5)能培养学生人际交往素质。在大课间体育活动中,出现频繁的人际交往,能充分发挥学生的主观能动性和创造性。在练习中,学生之间多进行交往,增加了情感投入,加强了相互了解,净化言行,密切了关系,使学生的交往能力在积极有效的交往实践中形成,为将来步入社会,养成良好的人际交往能力打好基础。

(6)能渗透心理健康教育。大课间体育活动,能充分发挥心理教育功能,让学生真正做活动的主人,自主设计、自主实施、自主调控、自主总结、主动参与活动的全过程,使自己的综合素质不断提高,特别是创造锻炼、创造自信、创造意志、创造个性等心理品质得到全面锻炼与提高。

三、大课间体育活动的实施与推广

在实施素质教育过程中,我校始终坚持把提高学生身心素质作为教育的一项重要内容,坚持把教会学生健体作为学校工作的一项基本要求。大课间体育活动实施后,我们充分发挥它在推行素质教育中的独特功能,把大课间体育活动与体育课、活动课一起抓,并使之"相互依存,互为补充,互不替代"。

开展大课间体育活动,我们从以下四个方面着手:

(1)统一认识,加强领导。统一对开展大课间体育活动意义的认识,是落实大课间体育活动的前提。我们从三个方面来统一认识。一是从内容上看。它是学校体育的重要组成部分,是面向全体学生的工作,要搞好学校体育工作,增强学生体质。二是从对象来看,大课间体育活动是面向全体学生,全体学生都要参加的活动,这也正是素质教育体育观的出发点和归宿。三是从效果来看,要求学生每天坚持锻炼,保证学生每天体育锻炼时间,使国家有关规定落到实处。渐渐地,学生也就养成了自觉锻炼身体的习惯。这项工作的实际就是实施素质教育,教会学生健体的具体体现,也是养成教育的具体措施。

学校体育工作如何适应实施素质教育的要求,开展好大课间体育活动已成为突破口。我校已把开展大课间体育活动作为一项形象工程,与进一步端正教育思想、深化素质教育一起来抓。我校成立了大课间体育活动的领导小组,制订实施方案,并在实践中不断总结,积累经验,切实提高大课间体育活动质量,使全体学生人人享有体育,身心健康水平得到充分发展。

(2)保证时间,落实到位。每学期初,我校都要统一制定并打印下发分学段的课程方案和统一制定并打印下发分学段、分季节的作息时间表。在课程方案中,我们统一规定了体育课体育活动开出的节数。在统一的作息时间表中,我们统一划定了大课间体育活动的时间为 30 分钟。这样,从宏观上确保我校大课间体育活动的全面推广。

(3)因校制宜,突出特色。我校在开展大课间体育活动中,除加强组织管理,做到管理到位、人员到位、场地器材到位外,还做到活动内容不拘一格,活动形式丰富多样。开展大课间体育活动不可能都要求一个模式。所以,针对不同年级的实际,可突出本年级特色。根据学生年龄、性别、生理特点、心理特点、个性爱好、兴趣,以及季节、活动场地、学校传统项目等,安排丰富多彩的活动内容,吸引学生积极参加。

(4)坚持科学管理与评价工作。大课间活动与其他工作一样,只有坚持科学管理与评价,才能步入良性循环的轨道。我们先是把每年十一月定为我校大课间体育活动检查督促月,制定科学的检查评比细则,成立专门检查评比的领导小组,对学校大课间活动进行全面的评比检查。其次,是把大课间体育活动开展情况与端正教育思想结合起来,表彰一批大课间体育活动标兵,对大课间体育活动开展得不太好的年级下达整改意见书,予以黄牌警告。再次,是把每年十一月的定期检查与平时学校调研掌握的情况综合评价,将综合评价结果纳入年级备课组年终体育目标管理评价之中。利用评价这个动力机制促进我校大课间体育活动全面开展。

综上所述,大课间体育活动的开展,结合素质教育的要求,符合"健康第一"的精神。同时,提高了学生身心素质,培养了学生"健体"的能力。对促进学生全面发展,推动学校体育工作的开展,都将起到十分重要的促进作用。

电子监控式接力棒项目书

一、本项目的提出

按径赛裁判规则:4×100米接力赛赛场,在每100米区段(共3个区段)位置交接,规定有一个20米长的接力区(见图2-22),其小组运动员如果未在该区内完成交接棒,则判为犯规,该组成绩无效。

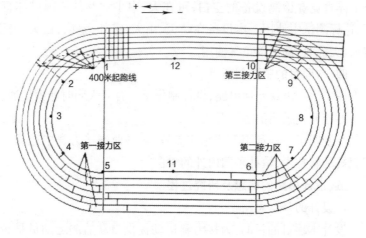

4 x 100米接力跑的接力区示意图

400米起跑线

第一接力区

第二接力区

第三接力区

图 2－22

常规裁判方法:在每个接力区各安排一名检查裁判员观察监判。然而,由于运动员交接棒时,在该区无法留下任何证据,常引起运动员与裁判各执一词,对是否犯规的认定造成疑问或争执。目前在国际或全国大赛中采用录像监控。但是,在一般训练或中、小赛事中,很难普及。

由此,我们就试图发明一种电子接力赛监控设备,既用来克服原有检测方法的不足,提高课堂效率,保证测量结果的公平公正,又可以提高同学们对接力赛训练的兴趣。

二、本项目的设计目的

为接力赛运动提供一种自动监控设备。在接力区,安装投资小、易普及的本课题设计研究的专门监测器,运动员在每个区域交接棒情况的监测结果,均由显示屏显示出来,并发出犯规信息提示,辅助裁判公正认定成绩是否有效。

三、本项目的主要功能

适合于大、中小学等体育训练中的各种接力赛项目的成绩检测;能自动监控运动员是否在接力区完成交接棒;我们通过新颖性检索,尚未发现与本项目相似的设备。符合国际裁判标准规定的要求,填补了体育竞赛检测设备的空白,可在大、中小学及其他国民体育训练、达标测试中使用。本设备在晴天、雨天,室外、室内,白天、晚上,有风、无风时,都可以正常使用。

四、本项目的主要创新点

1. 采用三极管特性电路,设计制作了符合双人同时触摸接通,只要一方松开则关闭的触摸开关。

2. 发明了一种利用无线感应装置,巧妙监测接力赛中运动员是否犯规的新技术,填补了国内外的空白。

五、设计思路的构想及研究过程

1. 设计的基本思路

设计本项目的目的:为接力赛运动提供自动监测运动员是否在接力区内完成交接棒的监控设备。我们从触摸开关受到启发,设想在接力区内,当两名运动员同时触摸接力棒时,接力棒内的发射电路接通在接力区内装有一个感应接收装置,只有在接力区内,才能接收感应信号,而不在接力区内,交接棒则不能接收。接收电路通过显示屏,从而显示运动员是否在接力区内完成交接棒。因而可有效地判断运动员是否犯规。

2. 研究过程

(1)首先,我们认真实践和学习接力赛的技术要领及《最新田径裁判法导引》中的径赛项目裁判规则,了解到运动员的有效成绩,应是运动员在正常交接棒的情况下,运动员的有效成绩。

(2)开始我们用激光发射与接收,发现用激光容易出现遮挡现象,后改用无线发射与接收感应。

(3)触摸开关的研制是本项目的难点,我们从市售的触摸开关入手,发现都有触摸延时的作用,不符合我们的要求。我们需要的是双人触摸时接通,而松开时断开电路。接着,我们提出创意,反复进行了下列构思和研究,通过大量的实验,终于完成了接力棒触摸开关的研制。

3. 无线感应发射与接收的差异大,我们通过调整发射与接收电路,可以方便地控制远近距离。

(1)我们先从计算机的键盘受到启发。设想在接力棒上设计一种平行间距为 0.01 米的触点阵列,运动员触及其触点,获得信息。然而,经过反复讨论、推敲,发现触点及触点连线承受不起运动员的冲击力度,而且存在安全隐患。因此,它不适合用于接力赛项目运动。

(2)触点阵列的思路被否定后,我们并没有气馁。我们又从物理课中的三极管放大电路实验中获得灵感,想设计一种利用三极管复合放大的电路,我们根据这个思路,用三极管进行模拟实验,获得了成功。

六、本项目实现的基本原理

1. 采用业余频段,接、发距离合适的无线电接收发射单元电路模块作为核心监测技术。

2. 接力区采用接收距离 5 ~ 6 米的接收单元电路。其中,1、2、3、4 道的接收器均安装于跑道内侧,5、6、7、8 道接收器均安装于跑道外侧(跑道宽 1.2 ~ 1.22 米)的各道接力区的中心延长线与跑道垂直相交。

七、进一步完善的设想

1. 进一步改善接力区内控制方式,使之更加准确、精细地测定接力区内交接棒是否正常的情况。

2. 进一步制作完善运动员计时同步显示,使该设备既能显示运动员成绩,又能判断是否犯规的情况。

八、收获和体会

以前我们把教师当成"圣人",总是教师说了算,只拘泥于课本上的理论知识,缺少实践活动。而参加科技活动小组后,在教师的指导下,我们终于体验到科技创新的魅力、成功的喜悦和自己说了算的快感。在活动过程中,遇到困难,我们同样也有过沮丧,但不再是怨天尤人,而是怨自己学习的知识太少,能力太差。随着实验、研究的进展,我们拓宽了视野,增长了知识,提高了我们的动手能力和创新思维能力，也充分体验到团结协作精神的重要性。我们相信，只要我们奋发努力，充分施展自己的才能，在科技的殿堂勇攀高峰，我们必将会攻克科技方面的一个又一个难关，摘取科学的桂冠。

给即将跨入汨罗一中校门的
体育特长生的一封信

亲爱的各位同学：

大家好！

还有三十多天（6月18号中考）你们就要参加初中升高中的文化课考试，不知你们都准备好了吗？希望你们利用一切可以利用的时间，利用一切可以调动的积极因素，争分夺秒、讲求方法和效率地学习！初中是目标教学，大家只要按照考标的要求，把该掌握的知识点掌握好了，能够灵活运用，就能考出理想的分数，达到理想的成绩，都能荣升汨罗一中。（因为你们是体育特长生，你们参加汨罗市体育特长生考试专业都已入围，你们的文化课成绩要求是在636分以上，能够拿到初中毕业证的分数，如果达不到636分，我们学校就没有办法录取大家。）

汨罗一中欢迎你们的到来！祝贺你们荣升湖南省示范性高中！湖南省的三湘名校！湖南省田径传统项目学校——汨罗市第一中学。

如果大家仅仅停留在636分，是远远不够的。那你就把汨罗一中作为了终极目标。大家应该把汨罗一中作为迈进理想重点大学、名牌大学的新起点、新平台才对。如果不把初中的基础打牢固，那你就无法学懂高中的知识。所以，希望大家要有远大的理想和抱负，初中先打牢基础，再学好高中的知识，力争在一中三年再奋斗、再拼搏，顺利考上心仪的大学。

该养精蓄锐时，别急着出人头地；该刻苦努力时，别企图一鸣惊人;该磨砺心智时,别妄求突然开悟。你的基础打得越牢靠,你的过程走得越完整,你的努力坚持得越长久,你的成长才更容易发生质的飞跃。

大家中考一结束,我们就会进行训练,大概时间是 6 月 22 日开始,每天上午 8∶00～10∶30 两个半小时。充分利用假期训练,然后开学后我们多留时间进行文化学习。这样,就可以把专业和文化都抓好,做到齐头并进,就能考 211、985 的重点名牌大学。下午和晚上用于文化学习,要加强语、数、外三科的自主学习。

汨罗初三毕业生高峰期是 15000～16000 人。那时,汨罗市政府把一中当作"无烟工厂",录取 300～400 人,其他都是"择校生"。那时,考一中比考大学还要难,考进了一中等于考取了好大学。而现在是阳光招生,从高分到低分,一中招生 996 人,我们一部分学生以及家长,他们(她们)自认为是考取了一中,很高兴、很得意,不认真学习,不刻苦钻研,总是躺在功劳簿上睡大觉,而高考录取是全省、全国按分数排队的。

过去,初中搞数、理、化、生、外等科目的奥赛培训,学生的思维能力要强、要活,知识面要广、要深,难度要大。而现在,初中没有奥赛培训。

初中是目标教学,教师告诉学生,什么东西要考试,你把它记熟,背下来就能得高分。所以,有些同学在初中发奋一两个月,就可以考取一中,但很多基础性的东西,他(她)并没有弄懂,并没有那种思维能力、领悟能力、学习能力。

小学有几个尖子生进入长沙就读,初中也有几个尖子生到长沙去读书。这样一来,留在汨罗的拔尖学生减少了,参考人数减少了(今年只有 5000 多初三毕业生),而录取名额大大增加,录取比例大大提升。

岳阳近几年中考没有进行选拔考试,都是水平考试,考试题目没有难度、梯度、区分度,真是误导学生以及学生家长。

所以,我在此拜托各位家长,在中考结束的一个暑假中,不许学生玩手机(打电话问题目、查学习资料除外),不许学生玩电脑(监督下查资料可以用),不许学生看电视剧(每天可以看 30 分钟的新闻),如果家长没有这种认识,站不到这种高度,不能密切配合的话,那学生进入一中以后,我们教师就很难抓管学生。

各位同学,今年的暑假是一个特别的暑假,没有学习压力的两个多月,是你即将进入一中的第一个长假(60 天时间,从 6 月 20 日~8 月 20 日),又一次集中精力弥补弱科的好机会,高考是看六科的总分。心理学上著名的"木桶原理"告诉我们:木桶装水的多少,不是看最长的那块木板,而取决于最短的那块木板。所以,我们一定要在保住个人优势科目的基础上,狠抓弱势科目。那么,如何来把握"禁补"之后的"进补"呢? 我认为要调整心态、积蓄力量。"人生难得几回搏。"暑假安排得好,或许能够为学生学习奠定坚实基础,或为备战高中三年的学业、撑杆一跳的重要支点。暑假,针对自己的实际情况,制订切实可行的学习计划:可以利用走亲访友的时机,从亲情、友情中寻找奋斗的动力;可以瞄准弱势科目,利用这个空档,创造一个后发赶超的奇迹;也可适当给心灵放些假,调整心态,积蓄力量。

暑假,最重要的就是保持在校期间的作息时间表(作息习惯)。什么时候起床,什么时候锻炼,什么时候学习,一切与往常无异。尽量不要因为假期改变个人的生物钟,避免形成假期综合征。同学之间学习成绩有些差距的原因:基础、方法(好的方法,事半功倍)、态度(态度决定高度)、习惯(好的学习习惯很重要)、智商(次要的)、时间(时间是成就辉煌的前提。例如,寒暑假、节假日、双休日等)。同学们在学校时在教室听课、做作业,拉开的差距不大,差距的拉大主要是课余,特别是寒假、暑假,这两个假期共有近三个月,相当于半个多学期呀! 请同学们时刻记住自己是一个学生,假期年年都有,高中只有三年,高考只有一次,距 2022 年 6 月的高考只有三年多时间了。要做到预则立、不预则废。适时与父母交流沟通,感受家庭的温馨。尽可能不要选择用脑力活动为主的减压方式(上网、玩游戏、看电视、打牌、看小说、杂志等),最好选择体力活动或者体育锻炼来调节。"让你的机体疲劳，那么，你的大脑、身心也得到了放松。"针对自己在初中还存在的薄弱环节，每天分配一定时间进行攻坚，完成每天的任务后，还给自己留一点休息时间，尽情享受节日的氛围和家庭的温馨！如果重视每天的一分一秒，利用好了一切可以利用的时间，调动一切可以调动的积极因素，重视了这个过程，"一分耕耘、一分收获"；如果有了那番苦读带来的绝地逆转，就会有"柳暗花明又一村"的世外桃源般的人间仙境。如果别人利用好了时间，那么他们开学的入学考试成绩就会上升，他们的学习兴趣就会更加浓厚，他们的学习信心也会更足。

千万不能让自己无所事事。当自己不知做什么，有些迷茫的时候，可选择记单词、短语、句型、语法，或者记政治、历史、地理中间的知识点。也可以记记理科中的公式、概念、定理、化学方程式、离子方程式等。用零零碎碎的时间完成琐碎的事，这叫作时间的充分利用。要让自己忙，但不要给自己胡思乱想的机会。譬如，语文是一个生活经验和文学素养逐步积累起来的过程，但对于解题技巧，都是可以在短期内快速掌握的。可采用各个击破的战略。分析以前的试卷，是一个十分重要的突破口。自己必须找到自己弱科中的弱项，才能找到适合的对策并采取相应的措施。语文试卷分文学基础、古文阅读、诗歌鉴赏、现代文（实用、论述类及文学类）阅读、选择题和作文几大部分。文学基础大部分是需要背和记的东西，可在早晨进行，快速高效地记住那些字音、字形、成语，以及一些病句的修改方法。文言文阅读中"之、乎、者、也"读起来虽然很有韵律和节奏感，但是其用法却十分繁杂。古文考查主要包括实词、虚词和句式。其中，常用文言文虚词有 18 个。每天可记住 2 个，隔几天再复习一遍。作文方面，最好写结构清晰、构思巧妙的议论文。

文科知识要在理解的基础上去记忆，"书读百遍，其义自现"；理科知识必须在理解的基础上去多做，工多艺熟，熟能生巧。这样才能提升解题速度、提高解题的命中率（我们有些同学在平时练习时，从不考虑时间问题，从不考虑速度，漫不经心）。只要在每天的努力中不断进步,在每天的进步中不断超越自己,成功必会如约而至。

调整心态的目的,是为了让自己以最佳状态努力复习。一个60多天的暑假可以做很多事,不慌、不急、不躁、不闷、不乱、不惑,心如止水,是这个暑假所要拥有的正常心态。不论前行的步伐多么艰难,我们都要想方设法鼓励自己坚持下去。态度决定高度,心态决定成败,细节决定成功。先走一步,步步在前;领先半步,步步领先。一定要从心底里重视,从时间上抓紧。做到问心无愧,不能仅尽力而为,而要全力以赴。做到在己无可悔,在人无可讥。

"世上无难事,只怕有心人。"没有做不到的事,只有想不到的事。李宁品牌广告语:"一切皆有可能!"

亲爱的同学,建议你了解佛教寺庙中的敲"木鱼"的典故,"雄鹰和蜗牛"到达金字塔塔顶,"兔子和乌龟"赛跑的典故。"天道酬勤""勤能补拙""天才出于勤奋"。爱迪生说:"天才是百分之一的灵感加上百分之九十九的汗水。"俗话说:"勤能补拙。"克服懒散拖延,弥补天资缺陷的唯一途径,就是勤奋;取得成功的捷径也是勤奋。鲁迅先生说过:"伟大的事业同辛勤的劳动是成正比例的,有一分劳动就会有一分收获,日积月累,从少到多,奇迹就会出现。"勤奋是弥补自身不足的最佳方式。缺少勤奋精神,纵使是天资过人、环境优越,也登不上成功的巅峰;而有了勤奋精神,即使是输在人生的起跑线上,也依旧能跃居群雄。虽然读书不是万能的,但不读书是万万不能的。读万卷书不如行万里路,行万里路不如阅人无数。既然要读书,就要尽力去读,并且要掌握怎样去读,即学会学习,学会做人,学会健体,学会生活。文凭是铜牌,能力是银牌,人脉是金牌,思维是王牌。没有思想的人永远给有思想的人打工。

尊敬的家长,学生入校时将举行入学考试。这次考试很重要。第一,是检验您的子女在暑假中的学习情况;第二,是督促您的子女充分利用假期查漏补缺,迎头赶上,后发赶超,为后面的学习打好基础,让自己学习更轻松、更有效;第三,是培养好的学习习惯,掌握更适合自己的学习方法,树立学习信心;第四,是让教师更重视,家长更关心,同学更信任。

　　最后,我将清代小说家蒲松龄撰写的读书联:"有志者事竟成,破釜沉舟,百二秦关终属楚;苦心人天不负,卧薪尝胆,三千越甲可吞吴。"送给各位尊敬的家长和亲爱的同学,希望大家以此来激励自己,鼓舞自己,不达目的誓不罢休,朝着自己的人生目标迈进。

　　此致
敬礼!

钟慕期
2019 年 5 月 14 日星期二

第三辑　以体育德、以体树人

好习惯使人终身受益

一位哲人说得好:好机会不如好习惯、好性格。一个人如果有一个好性格、好习惯,他将会受益终身。我每次接手一个新班,首先向学生介绍"四个学会"——学会做人、学会学习、学会健体、学会生活。

1. **学会做人**。这是德育范畴,是根本,摆在首位。首要的是将学生培养成人。如果学生没有爱国爱民、积极进取的思想;没有遵纪守法守规的习惯;没有文明礼貌、爱护公物、热爱劳动、讲究卫生的意识;没有尊敬老师、团结同学、互助友爱的道德品质……那是教育(包括家庭教育或启蒙教育、社会教育、学校教育)的失败。"德育不过关的人是危险品",学会了做人,那么学生就会以一个好心情、好心态投入到学习中去,就不会去违纪;人缘关系好,办事就顺利。"人抬人无价宝,人踩人不如一根草""人脉是金牌"。

2. **学会学习**。这是智育范畴,也是社会进步、民族长盛不衰的要求。学生到学校来,就是来学习的。学习中很重要的一部分,就是提升文化知识。所以,同学们一定要认真听讲,抓住课堂 45 分钟,向45 分钟要效率、要质量,然后,再充分利用好能够利用的时间,讲究学习效率。要结合实际制订计划。短期的是什么? 长远的是什么?制订计划要避免好高骛远、急于求成。每当你达到目标、实现理想时,你就会有一种胜利的喜悦感,你学习的信心会更足,学习的兴趣会更浓厚,那么,你的上升就会更明显。"智育不过关的人是次品",不知不是耻辱,不学才应羞愧。勤奋能点燃智慧的火焰,懒惰是埋葬天才的坟墓。"没有智慧的头脑,就好像没有蜡烛的灯笼""文凭是铜牌,能力是银牌,思维是王牌。"

3. 学会健体。居里夫人说过:"健康乃是事业之母!""身体不好的人是废品"。周济提倡:每天锻炼一小时,健康工作五十年,幸福生活一辈子。每一个热爱生活的人,每一个愿为祖国的强大贡献力量的人,怎能忽视对于健康的追求呢!人要健康地成长,离不开营养和锻炼,这两个基本因素,涉及到晨操、课间操、眼保健操、体育课、课外体育活动,不能迟到、早退、缺席,要积极参与,不能站在两旁袖手旁观,不能掉队,而要坚持。在锻炼中达到增强体质、磨炼意志的目的,培养学生的终生体育意识。

4. 学会生活。生活中离不开吃、穿、住、行等。吃饭是为了充饥,学生在校要到食堂就餐,就餐前要有秩序地排队,而不能插队(包括一卡刷多次、一人刷多卡)、大声喧哗,不能随便乱丢乱吐,注意卫生、节约。要懂得浪费粮食可耻,一粒粮食一滴汗。不要吃零食(饼干、方便面等),既不卫生,又不健康,还影响人的记忆力、智力水平。不要养成吃零食的坏习惯,形成攀比吃零食之风。当你因嘴馋无节制地浪费时间、浪费金钱时,你想一想父母挣钱容易吗? 有些同学的父母背井离乡,到人生地不熟、举目无亲的地方去打工,有的还是寄人篱下。父母为了你们读书,舍不得吃、舍不得穿,而你们却大手大脚地花钱,眼都不眨一下,你们的良心何在? 还谈得上常怀感恩之心,常忆相助之人吗? 穿衣是为了御寒,不是为了比华丽、比阔气。有些同学把穿名牌当成了一种时尚。我认为,要量力而行,尽可能朴素一点。不能穿奇装异服,现在统一穿校服最好,大家一定要经常穿好校服,要以穿一中校服为荣。应该以干净、整洁为美。美,应该是健、力、美的结合;应该是内在美和外在美的结合;应该要有内涵。而不在于经常照镜子来端详。住,是为了休息,养精蓄锐。会休息的人会工作、会学习。按时就寝,不吵闹。注意室内整洁、卫生。不乱拿别人的东西,不乱睡别人的床铺。行,包括活动。与人的交往、合作共处,一切行动都不能违背《中学生日常行为规范》。不戴首饰、不留长发、不染发,做到文明用语。在校期间必须佩戴好校牌。细节决定成败,态度决定高度。

读曾国藩的《持家教子之术》有感

——运用曾国藩的"家风家训"教育培养学生

曾国藩是中国近代政治家、战略家、理学家、文学家,湘军的创立者和统帅,晚清重臣,一等毅勇侯,被誉为"晚清第一名臣""官场楷模"。他的学问、文章兼收并蓄,实现了儒家立功、立德、立言"三不朽"的理想境界,被誉为"中华千古第一完人"。曾氏家族更是历史上数得着的名门望族。

中国智慧之一:人格修炼。曾国藩作为一个政坛上的大人物,之所以区别于其他政客最为显著的地方,是非常注重完善自己人格的修炼,促进仕功的建立。人格修炼对他事业有帮助,他注重诚、敬、静、谨、恒,最高境界是"慎独"。他后来对自己提出更高要求:要勤俭,要谦对,要仁恕,要诚信,要知命、惜福等,力图将自己打造成当时的圣贤。修身是曾国藩一生事业成功最重要的原因。

中国智慧之二:韬光养晦。

中国智慧之三:阴阳之道。

曾国藩的《治学论道之经》《持家教子之术》《疆场竞斗之计》,都能展示他的学识、见解、主张,确实令人叹服。

毛泽东年轻时,曾对曾国藩倾服备至,现藏韶山纪念馆的光绪年间版的《曾国藩家书》中,数卷扉页上都有毛泽东手书的"咏之珍藏"。毛泽东曾说,"曾国藩建立的功业和文章思想都可以为后世取法。"曾国藩治军最重视精神教育,毛泽东一生都很注意这一点。曾国藩"爱民为治兵第一要义"。毛泽东建立红军之初便制定了《三大纪律八项注意》。

蒋介石告诫他的子弟僚属:"应多看曾文正、胡林翼等书版及书札""曾文正家书及书札……为任何政治家所必读。"蒋介石在黄埔军校时用曾国藩的《爱民歌》训导学生。蒋介石认为,曾国藩、左宗棠之所以能打败洪秀全、杨秀清,就是因为他们的道德学问、精神与信心胜过敌人。

我们作为一名光荣的人民教师,应该好好学习曾国藩那种博学、勤勉、俭朴、谦虚、仁恕、诚信的精神。真正做到身正为范、艺高为师、为人师表、教学相长。

我们常说爱生如子,那我们要借鉴他给后人的"勤奋、俭朴、求学、务实的家训家风"。要把曾国藩留下的16字家训箴言"家俭则兴,人勤则健,能勤能俭,永不贫贱"铭记在心,教会我们的学生。曾国藩要求他的家人:"吾家男子于看、读、写、作四字缺一不可。女子于衣、食、粗(工)、细(工)四字缺一不可。"

1. **我们班主任要教育学生学会做人。**"人脉可以称为金牌。"对学生来说,智商很重要,情商更重要。学生要学会感恩,学会尊敬老师、尊敬长辈,学会与人交往。特别是男女同学的交往,不能在高中阶段谈情说爱。我们班主任可以先找几位班、团干部交流思想,传达意图,然后利用班会课开展辩论赛。同学们会很踊跃地辩论,气氛会热烈,场面会感人,他们谈到中学生正处在生长发育期,春心欲动、对异性好奇的心情可以理解。但是,中学生生长发育还未成熟,《中学生日常行为规范》不允许,处在学习知识、增长才干的时期,也不能分心。应该以学业为重,要有远大理想和抱负,而不能过早过多地沉迷于男女同学的交往之中。那样,对生长发育、文化学习、遵纪守规等方面都很不利。曾国藩的家风家训里,要求后人要勤学、仁恕、诚信。"良田之晚播,胜过岁足之荒芜。"曾国藩本来也是大器晚成之人。有付出,才能有收获;努力了,才会有回报。当你行动起来后,即便结果不如预期,努力的过程与学到的经验,也都是宝贵的财富。与其空想空谈,不如从现在开始,踏踏实实地用实干争取自己的幸福。

2.**我们班主任要教育学生学会生活**。学会勤俭节约,不能养成好吃懒做的坏习惯。学生养成好的习惯,包括生活习惯、文明礼貌习惯、运动习惯、劳动习惯、学习习惯、卫生习惯等。道德品质更重要。我们做家长的、做教师的要经常教育引导学生,让他(她)们培养好习惯,好习惯能终身受益!曾国藩的十六字家训箴言中有"家俭则兴"。勤俭节约、勤俭持家,是中华民族的传统美德,我们的学生要学习、要继承、要发扬。

家长要归口管控学生的费用开支,每月多少,心中要有数。多了不好,少了也不行(最基本生活开支要保障),家长要关注!切莫大意!待到"大意失荆州"的时候就迟了!如果家里始终能供给还差不多,如果供不上时就怕学生学坏。就怕学生见财起意,顺手牵羊,一失足成千古恨。刘备对后主刘禅说:"勿以善小而不为,勿以恶小而为之。"俗话说:"小时偷针,大时偷金。"常在河边走,哪有不湿鞋?请家长从严督促好自己的子女,管好自己的钱物,平时也要未雨绸缪,防患于未然。

我们要好好学习曾国藩的"俭朴",我们可利用班报、教育视频、读报课、黑板报,引导学生养成节约的良好习惯,克服爱吃零食、爱穿名牌的坏毛病,不追求时髦体面,不好逸恶劳、贪图享受,养成关注社会的习惯。①节约用电:随手关灯、电视、电脑、充电器、空调、电炉、电热毯等。②节约用水:将洗手、洗脸、洗脚、洗澡、洗衣服、洗菜等用过的水,用大盆盛好,用来冲洗卫生间、浇花等,做到物尽其用。③节约能源、收捡废物:用完的牙膏、用旧的牙刷、洗烂的毛巾、穿坏的衣服、穿坏的鞋子、过时的书刊报纸、用坏的塑料袋子(白色污染)、废电池、酒瓶、饮料袋、包装袋、纸箱等,及时分类收捡好,既可卖钱,又有利于环保。④不要乱吃零食,如口香糖、冰激凌、火腿肠、油炸食品等,多吃蔬菜水果,避免过早肥胖或变成亚健康人群。以免给工作、学习、生活带来不利影响。

3.**我们班主任要指导学生学会学习**。曾国藩要求他的家人:

"吾家男子于看、读、写、作四字缺一不可。女子于衣、食、粗(工)、细(工)四字缺一不可。"我们要学习他,并要求男女同学都要养成阅读的好习惯。"开卷有益"就是说,打开书本去学习是有收获的、有好处的,但必须要有选择。要注意是什么人,在什么时候,看什么书。作为要参加高考,准备考理想大学的高中生来说,现在没有时间,没有精力,没有必要看小说!如果你花看小说的时间去看课本(语文、政治、历史、地理等),搞清课本上的知识,你的收获会大得多。至于周日下午,你不到校外去溜达,月假、寒暑假期间,做完作业之后再去看小说,是好事情,不但不批评,还要表扬。因为作业做完后,你没有去上网,没有去玩手机,而是去阅读、去拓展。并且,看书就要动笔,记下名句、名篇,熟读而深思,把它变为自己的东西。如果仅仅追求故事情节,那是没什么收获的!

高考是看六科的总分。我们常常用"木桶原理"来解说,木桶装水的多少,不是看最长的那块木板,而是取决于最短的那块木板。总分的高低,不是最好的一科决定的,而是看是否均衡发展,没有特别差的科目,均衡发展之后,再看优势科目的多少,优势科目分数的高低决定总分。所以说,学生要分清主次、轻重、急缓。要学会取舍,"舍得",就是要先去舍,然后才有得。要舍去玩心、舍去私心杂念,专心致志地去学现在最需要学习掌握的东西,然后才能提高、进步。阅读确实有益于写作水平的提升,但语文只有 150 分。学生不能为了"捡芝麻绿豆而丢了西瓜",真的要好好权衡!

4. **我们班主任要指导学生学会健体**。毛泽东曾说:"身体是革命的本钱。"居里夫人也曾说:"体弱多病、壮志难酬。""身体不好是废品。"曾国藩在十六字家训里有"人勤则健"。就是说,人要勤奋工作、勤于锻炼,而不能懒惰。我们有的学生不爱参与锻炼,生怕吃亏、生怕出汗、生怕晒太阳,等等。我们要正确引导学生参加体育锻炼,锻炼自己的身体,增强自己的体质,提升抵抗疾病的能力,培养终身体育意识,为提升国民整体身体素质而努力。

班主任工作的八"以"之我见

常言道:班主任是天底下最小最小的主任,可需要去管理的事情却很多很多,班主任工作既辛苦有趣,又十分重要,它是联系学生与学校的一根"纽带"。班主任要扮演这根"纽带",管理好班级工作。笔者认为,要从下面"八"个"以"字做文章。

一、以"严"当头

常言道:"严师出高徒。"三字经中也有"教不严,师之惰"。严格要求学生也是一种爱。班主任只有严格要求学生,才是对学生、家长、社会的一种负责表现。

"严"要有度、有格、有爱、有情,按照党的教育方针和中学生日常行为规范,从小事抓起,对其不良行为决不姑息迁就,发现问题及时纠正,而并不是滥兴规矩和使用一些有悖于教育方针的过激手段。

例如,我发现寝室内有积水、纸屑、果皮,马上会对室内同学说:"大家紧闭门窗睡觉,由热气蒸发地面上的水分,水蒸气就沾到大家的体内、衣被内,长此以往,就很容易得风湿等疾病。另外,清扫时又困难,看起来又不舒服,我们为何要自己害自己呢?"于是要求寝室内要保持干净、整洁,不许学生将水、纸屑、果皮等弄在寝室内,我建议相互监督,谁乱丢就罚谁。对于公共场所,要靠大家来维护,大家要有是非观,要对不注意卫生的同学产生公愤,寝室(包括教室)里面才不会看到纸屑、果皮。俗话说:"正人先正己。"班主任在要求学生的同时,自己先做到,"身教重于言教"。自己做到不迟到早退、不缺席、注意仪表、"身正为范",班主任的一言一行、一举一动,都会给学生造成影响,并起到潜移默化的作用。

班主任在对学生严格要求的同时,也要对他们采取宽容的态度。因为学生毕竟不是成年人,他们在生理和心理等方面均未成熟,在生活、学习中会出现一些偏差,所以教师的宽容从某种意义上讲,恰是治疗学生思想疾病的良方。同时,也能缩短师生间的距离,增强思想感情的交流。当学生做了错事时,班主任应心平气和地帮助他认识缺点或错误,提高他们辨别是非的能力。当然,我们对学生的宽容也并非姑息、迁就和袒护,实质是教育学生的一种策略和手段。例如,本班的张某、潘某、彭某、狄某等双后进同学(表现与学习成绩),实在是很不听话,我对他们采用软硬兼施的方法。在"严"的同时,对他们多关心、宽容、爱护和鼓励,让他们慢慢地转变过来,对他们不能急于求成,要采用分步转变的策略。古人曰:"精诚所至,金石为开。"后来,他们转变好了。

二、以"爱"相随

"一个人最崇高的爱是爱别人,一个教师最崇高的爱是全身心去爱每一个学生",我身体力行,把爱每一个学生作为我工作的出发点、着眼点。爱因斯坦说:"只有热爱才是最好的教师,它远远超过责任感。"作为班主任,要"动之以情,晓之以理",做到"诚心""爱心""耐心"三心齐备。

热爱学生,始终如一地热爱,是班主任的一种情感体验。只有这样,才能缩短学生的心理距离,才能把自己的全部感情倾注于学生,与学生息息相关,心心相印。只有这样,才能无微不至地关怀学生的成长,竭尽全力去教育好学生,学生才会亲近你、佩服你。但是,在关爱学生时不能溺爱、迁就学生,要循循善诱,使他们的情感朝着健康、高尚的方向发展。班主任既是慈母,又是严父,是慈母和严父的统一体。例如,吴龙同学开学报到时,父母在广州打工,他身无分文,情绪低落地找我借1400元做学费,还有廖云、徐启林等八位同学找我借学费或生活费,开学那天,我借了三千多元给学生。黄志敏同学在打篮球时手受伤,我得知后就带红花油到教室给他治疗。张厅同学因父母离异,父亲生意亏本,自己缺少父母关爱、缺少家庭温暖,他在学校表现又不好,我和冯校长、刘主任、周书记、雷校警多次找他谈心,多方面关心他、鼓励他,安排他主持周日的班级活动。他受到感动,后来转变好了。

三、以"心"换心

作为班主任,要用自己的责任心去感动学生的心,赢得任课教师的心,以达到心往一处想,劲往一处使,调动一切可以调动的积极因素。班主任要关心学生的思想、学习、生活、身体健康等方面。要关心学生,关键是要了解学生,通过个别谈心、家访、征求任课教师意见、座谈会、书信、小组对个体学生评估等办法,了解其情况。班主任要关心科任教师,根本的就是要协调好任课教师之间、任课教师与学生之间的关系,促进师生之间的交流沟通。通过关心学生及任课教师,以便增强班级凝聚力,关系协调、感情融洽,才能心心相印,才能达到"人心齐,泰山移"的境界,才能很好地建设和管理一个班集体。没有科任教师全心全意地勤奋劳动,班主任工作的效果,就只能是海市蜃楼。

班主任要具有一颗融热心、爱心、公心和恒心于一体的心。热心是做好班主任工作的前提。班主任如果缺乏对工作的热心,缺乏对事业的奉献精神,是管理不好班级的。爱心是做好班主任工作的基础。班主任应通过自己的言行,让学生感受到教师对他们的爱。学生才能视你为他们中的一员,才能与你交心、交朋友,有利于班级工作的开展。公心是做好班主任工作的重要环节,应避免人为的主观因素,处理好班级中出现的各类问题。恒心是做好班级工作的保证,应常抓不懈、持之以恒。

例如,开学的预备周,我就上外语学科赵老师家,请教她关于学生在课堂是否活跃、学生是否专心听讲等问题,她就毫无顾虑地谈到,有张某、彭某、潘某等同学,上课不讲话就睡觉,当别的同学积极回答问题时,他们就做出冷嘲热讽戏弄、泼冷水等极其可恶的事情来。我针对每位任课教师所反映的情况,结合从部分学生中所了解的事实,仔细思考寻求解决办法,顺藤摸瓜,就寻找到了课堂不活跃的原因——学生上课睡觉是由于晚就寝吵到深夜一两点,以及深夜十二点多翻越学校围墙外出看黄色录像、打桌球、抽烟等。通过多种办法去做通思想工作,感化他们。

四、以"诚"相待

班主任每当接手一个新班时,首先,要向学生介绍自己的性格特征、工作态度、事业心、责任感,让学生了解自己,主动与学生交朋友。其次,认真细致地了解每一位同学,以便有的放矢地针对每一个同学采用不同方式、方法、语气进行谈话,让学生感觉到班主任老师的心中有他(她)的存在,并且关心他们,缩小师生间的心理距离,加深师生间的相互了解及友谊。

班主任对待班内工作都要以诚相待,不要指手画脚,要亲临指导并参与,和学生一道完成班内工作。例如,每次卫生大扫除,我都亲自参与,和同学们一道来完成。晚自习时,我发现教室内日光灯亮三盏,还有三盏不亮,我先问了一下情况,然后,亲自更换、修理,还有一盏不亮,我马上请电工熊师傅前来修理。修好后,我建议大家要保护好自己的视力,进而就要爱护灯管。

五、以"理"服人

这里笔者谈到的"理",一方面是"理由""道理";另一方面是"礼貌""礼节"。班主任在班里所强调的制度、纪律,都要有理由或道理,不能蛮横无理,独断专行。俗话说:"有理走遍天下,无理寸步难行。"同时,还要注意"先礼后兵",千万别苛求。对待学生同样要有分寸,要尊重学生,不能伤害学生,特别是对待后进生,更应该有理有据、有礼有节,而不能带观点、偏见。这样一来,同学们在道理上信服你,在行为上尊敬你,在工作上配合你、支持你,"力量从集体来",就不会出现"孤掌难鸣"的恶局。

例如,天凉时针对学生吃冰激凌、喝饮料等现象,给同学们算账,然后对他们说,既耗钱又伤胃,还败口味,影响卫生,大家何不节制一下呢? 后面,学生吃零食的现象就少了很多。

六、以"平"待人

1.师生之间的关系要体现平等和民主,而不应当是"师道尊严""唯师独尊"。

2.法律面前人人平等,班纪、班规面前同样人人平等,班主任心中的天平上,人人平等。无论对待优生、中等生、后进生还是男生、女生,或者是城镇与农村中的学生,都应该平等对待。特别是不能受社会不良风气所影响,不能迁就优生、女生或熟人的孩子。在班里,我对全体学生讲道:"为了学校、家庭、社会三结合(家校共建),共同教育培养好每一位同学,我希望家长有空的话,勤来学校,但不许任何人以任何形式带礼品来。"不让别人牵着自己的鼻子,就可以做到不姑息、不迁就。对待后进生,或者以前表现不好、犯过错误的同学,不能带偏见,不能用老眼光看人,不能对他们吹毛求疵,苛刻对待他们。即使在批评他们时,也要多注意运用鼓励的话语,最好能以鼓励的方式实现批评的目的。例如,狄某表现、成绩都不太好,是双后进生,但他有一个闪光点——体育素质较好,我抓住他的弹跳素质好,经常鼓励他:"如果你充分挖掘出你的身材、智商、弹跳等素质,一定能克服不守纪、成绩不好等方面的问题,你一定会考一所理想的体育大学。"正是由于这种"期望效应"及鼓励式的批评所起的作用,他日渐转变,并考入了大学。

七、以"情"动人

学生一般都讲感情,只要班主任老师多想办法,深挖触动学生感情的事,学生就容易服你。

1. 从学生的衣、食、住、行、学习、生活、思想等多方面关心学生。

2. 通过请各学科任课教师做学法指导,请冯校长到班上做指导,同学们自己做学法交流,学科知识抢答赛,寝室间篮球、排球赛,班级之间篮球、排球赛,小组之间乒乓球擂台赛,各种棋类擂台赛,朗诵赛、书法书画赛,野炊等各项活动,多渠道调动学生的积极性。

3. 将各项有益活动中表现出来的事迹,带到与学生交谈中去,鼓励学生努力学习,做到多方面去鼓励学生。

八、以"勤"治班

常言道,"勤能补拙""一生之计在于勤"。作为一个班主任要多从"勤"字上下功夫、做文章。班主任至少有"八"到岗——早操、晨读、白天自习、午休、读报、晚上第一节自习课、晚上第二节自习课、晚就寝。这"八"到岗中，处处离不开"勤"字。同时，还要勤谈心、勤家访、勤辅导、勤深入等。

例如，本学期我制订了较详细的班级工作计划，每一计划的落实，我基本上都到场了；定时或不定时找学生交心；一个月以来，我利用晚上、双休日、节假日做了部分学生的家访；办了三期班报，召开三次班团干部会，召开两次各科课代表及寝室长会，并对他们进行培训；召开了各特长生培训会、后进生会等，对他们都提出了不同要求；通过晚上多次深入寝室，从中发现了熄灯后讲话、听录音机的同学，翻墙外出看录像、打桌球的同学，并通过耐心细致的引导、教育，现在基本上能安心读书，减少了班上的违纪事件。通过勤辅导，基本上转变了班上的学风。管理有法、有方，但管理无定法、定方，需要我们不断摸索与总结，真正做到因人而异，因材施教。

"六心"造就优秀班主任

一、班主任要有一颗"宽容"之心

"宽容"即宽宏有气量，不斤斤计较，能容忍别人。宽容是一种美丽的情感，是一种良好的心态，是一种崇高的境界，能够宽容别人的人，其心胸像天空一样宽阔、透明，像大海一样广阔深沉。不少人都把"严以律己，宽以待人"作为座右铭，因为"人非圣贤，孰能无过"，即使是圣贤也应"一分为二"，也要辩证地看待。所以要容纳和善待所有的学生，接受每一名成长和发展中的学生。要善于体谅、理解有过错或不良行为的学生。所以出现过错，问题原因不全在学生自身，有时是由成长环境造成的，可以通过环境的改变和认识的改变，逐渐得到解决。要特别关注弱势群体子女的教育，让贫困家庭、流动人口、单亲家庭的子女能平等地受到良好教育，有平等的竞争起跑线。这是全面推进素质教育、均衡教育的必要条件。这一要求应该贯穿教育教学的全过程。学生没有不犯错误的，作为班主任要辩证地去看待学生所犯的错误。对于小错误，我们要重视，但不能小题大做，特别不能伤害学生的自尊心，可以跟学生讲清小错的严重性。刘备对后主刘禅说："勿以善小而不为，勿以恶小而为之。"我们要防微杜渐、未雨绸缪。譬如，晚自习时有些同学喜欢讨论题目，教室内很难安静下来。我跟那些同学说："你们学习很认真，钻研精神很强，是在讨论学习的问题，值得肯定和表扬，但是，有些不爱学习的同学就会借机讲小话，谈论一些与学习无关的问题，老师建议你们下课再来讨论，或者晚上、周日下午在教室里讨论。所以，你们必须要理解、支持、配合，起模范带头作用。"

二、班主任要有一颗"博爱"之心

博爱是要人与人之间互相关心、互相帮助。那么，最基本的条件是"人人平等""有一颗热忱的心"，去帮助所有需要关心的学生。爱是能让人心胸广大的。心中有了爱，再暴躁的人也会在爱的感召下变得柔情似水。百炼精钢都能化为绕指柔，可见爱的力量是多么伟大。然而，这种爱并不是滥施滥爱。博爱乃为仁者之爱！博爱是要人有博大的胸怀。大量历史与现实充分证明，只要有适宜的成长环境，每一名学生都能健康发展成为人才。"爱人者，人恒爱之；敬人者，人恒敬之。""寂寞的心即使搁置在喧哗之中，也充满冷漠；燃烧的爱心即使漂泊到荒岛上，也不会感到孤苦。"班主任要爱生如子，把每一个学生都视为自己的儿女来看待，家长的子女是我们的学生、我们的子女。无论他们的衣食住行还是为人处世、待人接物、学习等方面，我们都要管，或者说都要关心。譬如，去年下学期开学不久，我从学生写的扶贫帮困申请书中了解到，我班（2010届416班）的黄炎同学，他父亲四年前病故，留给他母子的是一些债务；何钦钦同学（2010届416班）的母亲五年前病故，她父亲常年在外打工供她读书。我看了这些以后，马上了解情况，帮他们向学校成功申请到一等国家扶贫帮困金，并且经常与他们谈心，鼓励他们。

三、班主任要有一颗"奉献"之心

"奉献"是一种爱，是对自己事业的不求回报的爱和全身心的付出。对个人而言,就是要在这份爱的召唤之下,把本职工作当成一项事业来热爱和完成,从点点滴滴中寻找乐趣。努力做好每一件事,认真善待每一个学生,全心全意地为学生服务。现在的学生很难为别人奉献,他们大多数只知道索取,我们班主任要为他们做出榜样,当好表率。身教重于言教,德高为师,身正为范。"随风潜入夜,润物细无声。"我跟学生讲,我一名体育教师担任班主任,我早晨6点起床,只有比学生先到,才能清楚学生的出勤情况,才能严格要求学生。然后清查班上学生的出操情况,边带训边督促学生晨跑。下操、下训后,又迅速赶到教室清查同学们的到校情况,如果有学生没有按时到校,我就迅速打电话询问家长落实。课间操时间,既要管学生出操,又要管专业生的辅助专项训练,每周除上17节课外,其余时间就在教室的隔音间,随时关注学生的学习情况。晚班5:20去田径场带训,下训后马上又赶到教室督促学生天天读,待6:30下课后才回家吃饭,周三和周日要坐晚班,我就利用第八节课先在家里火速吃点饭,然后再去训练。我的付出感动了学生、家长。每当家长跟我说,学生回家感叹钟老师不容易、很辛苦、很认真、很负责时,我感觉家长、学生能理解老师,我特别充实、幸福。班里真正营造出了一种"人人为我,我为人人",互帮互助的良好氛围。

四、班主任要有一颗"责任"之心

责任心指个人对自己和他人、对家庭和集体、对国家和社会所负责任的认识、情感和信念,以及与之相应的遵守规范、承担责任和履行义务的自觉态度。它是一个人应该具备的基本素养,是健全人格的基础,是家庭和睦、社会安定的保障。没有责任哪来大唐的"贞观之治";没有责任,哪来卧薪尝胆的成功;没有责任,哪来马克思《资本论》的光耀后世;没有责任,哪来用21年心血换来的李时珍的《本草纲目》。班主任是一个班级的龙头,对班级全体同学、大小事情都要负责。所以,我们心中要时刻装有班级、学生,为了学生全面发展、健康成长,我们要知道身上责任之重大,肩上担子之沉重。建设好一支充当班主任助手的干部队伍(包括学习小组的组长、课代表、寝室长），调动班团干部及特优同学、优秀同学来帮助待优生，他们的帮助有时胜过班主任。我利用班会课，要同学们学习台湾高级工商学校高振东校长讲的那句话："国家兴亡，我的责任。"让同学们心中装有班级，班级事情是"我"的责任。跟学生谈责任心的重要意义，培养学生的责任意识。

五、班主任要有一颗"民主"之心

民主的含义指按照平等的原则和少数服从多数的原则，来共同管理班级事务的班级制度。班主任要在班集体中营造一种民主氛围，班级管理制度、重大决议，要同学们参与制订。既然是大家制订的，那么，大家都要来维护制度的尊严，不能践踏，充分体现出"先民主、后集中"的原则。这样一来，班主任、班团干部的管理难度就大大降低。班里的行为规范要好得多，学习气氛要高涨得多。譬如，我接手不熟悉的新班时，运用竞聘的办法选拔班团干部；如果是熟悉的班级，就自己提名班干部，再由同学投票表决。先自己起草班纪班规的方案，再由班长组织同学进行讨论，表决通过，执行。

六、班主任要有一颗"公平"之心

公平：公正，不偏不倚。公为公正、合理，能获得广泛的支持；平指平等、平均。班主任不能偏爱特优生、优生，而忽视待优生。对于待优生，班主任要做到不嫌弃、不抛弃、不放弃。要把转变一个"待优生"与培养一个"特优生""优生"看成同等重要。并且，重视"待优生"的培养，更能彰显师德、展示爱心、体现公平。班内会呈现心往一处想，劲往一处使，人心齐，泰山移。例如，我们班分成六个小组（特优生、优生、待优生均匀搭配），每两周换一次座位，以组为单位，按顺时针方向（或者按照小组目标管理考评的排名进行调整座位），整组对换，组长只微调本组成员的具体位置，不需要班主任操心，也避免了班主任接受家长的招呼，或有偏爱之心。这种制度建立后，就再没有家长、学生跟我打招呼要特殊照顾。

如何选拔、培养高中一年级的班团干部

《中小学班主任工作的理论与实践》一书中说道："班集体是在以班主任为主导，由班委会行使日常管理的自组机构。没有班级的管理层次与有序的结构，就无法开展相应的活动，并带领班级成员实现既定目标，形成优良的班集体。"班团干部相当于一个班级的"龙头"，是班集体的核心和中坚力量，他们在教师和同学之间起着上传下达、纵横联络的沟通作用，在班集体建设中发挥着组织管理、服务同学和示范带头的作用，是班主任工作得以顺利进行的得力助手。一个优秀的班集体，必须拥有一批团结在班主任周围的积极分子，以及从中挑选出来为班级服务的核心成员。因此，发现和培养积极分子，认真选拔、任用、培养班团干部，形成强有力的班委会，是建设优秀班集体的一项重要工作。拥有一支精干高效的班干部队伍，可使班级管理成功一半。如何选拔和培养一支优秀的班干部队伍特别重要。

一、"推荐式"选拔

1. 初中抓德育工作的教师、班主任、任课教师推荐。班主任接手一个新班后，可以跟学生初中抓德育工作的教师、班主任、任课教师取得联系，询问他们所掌握的情况，然后结合本班的实际，确定班团干部。

2. 初中学生推荐。班主任可以询问来自同一所学校的同学，向他们了解本班同学的情况。

3. 本班同学推荐。班主任可以通过本班同学推荐，然后结合本人的考察情况和本班的实际需要，确定班团干部。

二、"发现式"选拔

班主任可以从新生的穿着，报到时的语言表达、办事的风格、处事的能力、军训的表现，以及是否积极主动地为班级擦黑板、打扫卫生等过程中去发现合适的人选。

在军训的这几天里，班主任要跟紧自己的班，一定要用自己的这双慧眼明察秋毫,先选准几个主要干部。开学后的两周内,尽可能地多开展活动(自我介绍、卫生大扫除、申报志愿者、组建兴趣小组等),让每一个学生在活动中都有表现的机会。这样,班主任就能在各种不同的活动中发现不同的人才。当然,活动一定要有评比,学生和教师从中也能发现谁是优秀的。发现这些合适的人选后,就根据每个人的不同特点,安排他们每个人在班级管理不同的事务,尽量做到每个人都能管理两三种事务。这样,更能发现他们最适合做什么。有了这些工作的基础,就可以在班里用提名的方式民主选举班干部了。先对学生讲清楚推选班干部的条件。这时就是班主任做导向工作的时候,你想选什么样的班干部,就把条件讲清楚,让学生提名,符合条件的同学有哪些。当然提名时,一定有一些同学的提名还是不够准确的,需要民主选举。

三、"竞选式"选拔

学生开始竞选演说,一定要让每名同学都有机会参加竞选演说。在竞选前,班主任要指导学生如何写竞选稿,竞选稿中应该都写些什么,什么样的竞选稿最有说服力,这些都应该给学生讲清。演说后,让学生根据其竞选词及平时的表现进行民主投票。在选拔班团干部时,对选择依据要求非常高,它为班集体的形成和促进班级工作起到了一定的积极作用,班主任要以一个开拓者的行为大胆地去选拔班干部,而且所选的班干部都要有朝气、有热情、敢想敢做,德、智、体全面发展,品学兼优,尤其是有组织能力和特长的学生担任班干部。这样才能形成坚强的领导核心。

因此,在挑选时,一定要慎重。一般选择对象的条件应符合以下三点:①学习成绩较好的;②团结同学,热爱集体,关心班级,有奉献精神;③要有一定的组织能力和威信。其他方面可以在以后的工作中,通过教师的指导,进一步磨炼和提高自己的水平。

四、班干部的培养

新的一批班团干部产生后,首先要把各职位的工作布置清楚。例如,班长负责管理班级全面工作,监督其他班干部每天的工作情况。学习委员负责全班同学的学习,每晚在黑板上布置各科的作业。

生活委员负责监督值日生的工作情况,和值日生把班级的卫生共同搞好。体育委员负责体育课、三操、班级体育活动;组长除了收发作业外,要把本组中违反纪律的同学帮助好,带领本组同学齐心协力力争向上,争取评为每月的"先进组";宣传委员则负责好每次的板报出刊;等等。有了详细的工作事项,各班团干部才能按部就班,更好地工作。班主任应当"放手而不撒手",既要放手让学生干部去做,又不能撒手不管。可以采取以下几个步骤来进行培养。

1. 班主任要经常对班团干部进行培训,让班干部边培训边实践,边实践边自我反思,以此达到最佳效果。这项培训争取在三周左右完成。培训内容提纲如下:①班干部应具备的素质;②明确自己的职责;③如何开展工作;④班干部必须处理好几种关系;⑤如何对待学习;⑥如何对待挫折等。待班团干部思想和能力有所提高后,我们可以适度地加担子。在召开班干部会议中,班主任尽可能地让班干部对今后的工作提出设想,然后由自己做审查。对班干部提出的设想,班主任必须有如下要求:每份计划都要带有本班的特色,还要符合学校特色。将班干部工作和学校各项工作联系起来。如果在设想中,当班干部还没有估计其计划能达到什么样的效果时,班主任可以和他们一起磋商,给予指导,传授一些工作方法。

2. 班主任随时都要对个别班团干部进行指导和培训。如每天哪方面有欠缺,或者每月月考情况出来后,班主任要及时找班干部进行交流、指导。

3. 班主任应时常鼓励班团干部要有创新精神。在工作中,要自己拿主意,凡是正确的,符合学校、班级、集体利益的就要坚持,大胆去做。学生如果有意见,就直接找老师,让学生尊重班干部,服从班干部的领导,使学生认识到尊重班委就是尊重集体、服从集体,给班干部创造开展工作的有利条件。班干部的思想放开了,才能大胆地发挥自己的工作能力。每半个月,组织班干部召开会议,主要是开展批评和自我批评的内容,这是一个促进班干部能力和提高思想的好方法。

创造良好班风的举措

良好的班风是规范学生行为习惯、培养学生学习习惯的必要基础，有了良好的班风，营造了良好的学风，才会培养出优秀的学生。

1. 以"情"感人。我利用周六的晚上，亲自选播视频"卖水果的十岁小男孩"和全国著名演讲家邹越的"爱祖国、爱老师、爱父母、爱自己"的演讲材料来感化学生，引导学生学会做人，学会关爱他人，关心自己，与人和谐相处。例如，2010 年 9 月份的一个晚上，我查完寝，十一点多了，洗完澡，刚准备睡觉，门卫打来电话，说我班欧佳豪同学发高烧，很严重。我放下电话，二话不说，就开车送他上医院(当时是同寝室的徐坤同学将他从五楼背下来的)，我掏钱帮他挂号，到深夜三点钟，待他叔叔赶来后转送长沙，我才带徐坤同学返回学校。抓住这次徐坤同学乐于助人的事情，我在班上表扬了徐坤同学，并以此为契机进行互助教育。

同时，我一直把学生视作自己的兄弟姐妹或子女来看待。2010 年下学期的另一个晚上，十一点多钟，寝室管理员打来电话说 416 班任兴宇同学请求去医院，我又迅速开车送他前往，为他挂号，看护他，直到医生用探针将他耳朵内的飞蛾夹出来，替他买好药才返回学校。

2. 凭"公"动人。人凭忠，事凭公，我引导学生为人要正直忠诚、守信、知恩图报，常怀有一颗感恩之心，常忆相助之人。班主任办事要民主、公正、公平，不能有半点偏袒之心，不能嫌弃、放弃、抛弃任何一个学生。家长的子女，就是我的学生，班主任要爱生如子。我班调皮的学生比较多，不爱学习或者说学习习惯不太好的学生不少，我利用周末和月假到同学家中做家访，拉近了班主任与学生及家长之间的关系，便于学校、家长、社会齐抓共管学生，使优生更优，加快后进生转变。

3. 以"理"服人。在引导同学们利用时间、讲究方法、提升学习成绩方面，我是这样做的：

（1）把教室后面的墙壁办成学习专刊。高一新生入学时，我要求每位学生写一份自己高中三年的打算,返校后交给我,我认真审读后,发作文纸给学生填写好,然后贴在墙上,用红纸框好边。两个月后的国庆节,我要求学生针对期中考试每人写一封信给我。我请每一位任课教师写一份关于本学科的学法指导,我将它们贴在墙上,让学生经常去学习,以便指导他们的学习。另外,我将班上单科成绩学得好的同学召集在一起,要他们写出自己学习的方法,我将他们的学习方法张贴在教室后面的学习栏里,供同学们学习、借鉴、参考。

(2)管理做到事半功倍。①在寝室要如何做。晚上十点下晚自习之后,迅速回到寝室,值日生打扫卫生。洗漱完后,每位同学整理好自己的鞋子后就睡觉。第二天起床后,只整理床上的被子,然后洗漱完就赶到运动场参加晨操。②在教室里要如何做。白天值日生要留心室内卫生,下早自习和下第八节课后,立即清扫教室及公共区卫生,做到不影响其他同学的学习,为其他同学创造一个良好舒适的学习环境。每位同学要掌握好自己的生物节律规律,便于更好地掌握自己的生理周期、情绪周期、记忆类型(百灵鸟型、猫头鹰型),提升自己的学习效率。

4.**宽容纳人**。班主任要有一颗宽容之心,要允许学生犯错,只要不是犯同样的错误。要常用鼓励的话语来激励学生,用鼓励式的批评来对待犯错的同学,用关心关爱去帮助学生认识错误、分析错误、改正错误。

班主任工作的"七心"

班主任工作是学校工作的前沿,是联系社会、学校、家长与学生的纽带。所以,作为一个班主任,首先要做个优秀的协调者,协调好学校与家庭、学生与教师、学生与学生之间的关系,为学校各方面工作顺利开展做好服务。既要关爱学生的健康发展,又要维护好教师的声誉。要有"一切为了学生,为了学生的一切"的服务精神。俗话说,有一位好校长就有一所好学校;有一位好班主任就会带出一个好班级。"因为有了太阳,大地万物自由生长。因为有了月亮,夜晚不再暗淡无光。因为有了星星,天空不再辽远空旷。因为有了我,学生的生活变得多姿多彩。"从我任教30年、担任班主任20多年积累的经验来看,做一个优秀的班主任,应当具备责任心、事业心、包容心、公平心、爱心、耐心和细心。

1. 责任心是做好班主任工作的前提。 班主任的责任心表现在上对学校、家长、社会负责,下对学生负责。为了每一个学生,为了学生各个方面的终身发展负责。培养爱祖国、爱人民、爱社会、爱家庭、爱父母、爱劳动、爱锻炼、爱学习,有理想、有前途、有追求、有信仰、有创新思想和能力,积极进取、身心健康、社会适应能力强的社会有用之才。

2. 事业心指努力成就一番事业的奋斗精神和热爱工作、希望取得良好成绩的积极心理状态,是人类一种高尚的情操。 具有事业心的人能根据自己的主客观条件,克服工作中的各种困难,进而经过努力达到目标。有事业心的人认为事业的成功,比物质报酬和享受更为重要。有事业心的人不拒绝合乎法理的物质报酬和享受,但事业成功的振奋和喜悦胜于他所获得的这种报酬和享受。

3. 包容心是给后进生的一剂良药。 "金无足赤,人无完人",失误是在所难免的事情,对于后进生所表现出来的不足,要用包容的心态去面对;但包容应有一定的限度,而不会将包容变成纵容。例如,高二分班后,我请示年级主任,年级主任报告校长,经批准后,我通过给半年没读书的陈某某同学做工作,让他重新回学校读书,放在我带的543班。他不仅拉低我班的平均分,而且行为习惯也不太好。但要包容他,同时严格要求他,慢慢地转变他。我当时跟他说,你要争取在一中创下一个新纪录,高一第二学期没读书,两年半高中上一本大学。功夫不负有心人,他在2018年的省十三次运动会上夺得男子甲组三级跳远第三名、跳远第四名,不仅为学校争得体育竞赛的荣誉,也为学校一本人数做出了贡献,考入湖南工业大学。

4. 保持一颗公平的心。 我会在接班的第一天就告诉学生,不管你过去表现怎样,成绩如何,不管你父母是谁,在我的班级里,所有的人都有平等受表扬和受批评的待遇。并且,时刻用这颗心去管理和处理班级的任何事情,营造民主、平等的氛围。

5. **耐心是成功的通行证。**班主任对待学生不能急躁、不能厌烦,它既是一种性格,也是一种品格,是"崇高的秉性",能够成就事业,更能够成就人生。"日日行,不怕千万里;常常做,不怕千万事。"耐心是一种积极的等待和良好的心态。耐心考验人的毅力和定力。刚送走的 543 班,高二新班第一次月考平均分与最高的班级相差二十多分。因为耐心细致的思想工作和管理,每考一次提升一些,慢慢地追上并反超,最后高考一本人数、本科总人数都最多。

6. **细心是做好班主任工作的抓手。**细心就是用心细密,做事细心,认真周密地考虑各种问题,精益求精地把事情做好。在日常工作中处处留心,做有心人,对全班同学仔细观察和详细了解,细心地注意自己的学生,真正地了解他们,正确地引导他们。

班主任工作"累并快乐着",我乐意这份辛苦,更希望享受这种幸福。

实施班级整体负责制,
促进班级整体的提升

雷锋说过:"一滴水漂不起纸片,大海上能航行轮船和军舰;一棵孤树不顶用,一片树林挡狂风。这就是团队精神重要性力量的直观表现,这也是我所理解的团队精神,也是团队精神重要之所在。一滴水只有放进大海里,才永远不会干涸,一个人只有当他把自己和集体事业融合在一起的时候,才能最有力量。"人心齐,泰山移。奥斯特洛夫斯基也说过:"不管一个人多么有才能,但是,集体常常比他更聪明和更有力。"

班级是学校的细胞。它既是学校实施素质教育的基本单位,又是学生学习、生活、娱乐的基层集体,还是进行爱国主义、集体主义教育的摇篮。我尝试在班级管理中建立"民主、自由、立体式"的班级

管理创新模式,即突出"教师民主、学生自主、家庭配合、社会协调"全方位过程的班级管理,从而促使学生全面发展,培养学生的创新能力。班级整体包括班主任、各科任课教师、家长、社区、班团干部、全体学生等。

一、班主任掌舵、导航

1.班主任是一个班级的龙头,肩负着掌舵、导航的重任。班主任起上传下达的作用,是为学生服务的,是顾问、是导师、是朋友,但决不是"工头"。俗话说:"大海航行靠舵手。"一个班级主要靠班主任,什么样的班主任,就会带出什么样的班级来。

2.班主任要当好舵手、导好航,要具有教书育人的高度责任感、事业心;全面关心学生的健康成长,遇到困难、挫折时不气馁;有较好的师德修养,能够正确把握并控制好自己的情绪;要善于运用教育机制,以高度的工作热情去积极地开动脑筋,寻找有利时机对学生因势利导;要以自己健康的情感、饱满的情绪、诚恳的言辞感染学生,使学生在潜移默化之中形成良好的个性心理品质。

二、任课教师积极参与

1.众所周知,班主任是班集体的组织者和领导者,是联系各科教师和团队组织的纽带,是沟通学校、家庭和社会的桥梁,是协调任课教师之间、学生之间、师生之间的调和剂。可见,班主任在班级管理中的地位是很重要的,似乎成为班级管理的代名词。但是,班主任不能在班级管理中唱独角戏,要建立学科教师积极参与班级管理的班级整体负责制。

2.过去,学科教师大多只管教,不管学,只教自己的书,传自己的道,而很少参与班级管理,甚至漠不关心。任课教师在教学过程中发现班风、学风不好,或者是某某同学违纪,上课迟到、早退、讲话、不完成作业等,首先考虑的是告诉班主任,而不是自己想办法解决。有时,面对不良的班风、学风,任课教师也只是发发牢骚,或者保持沉默,而不是像班主任那样当作分内之事去管去问。即使有些教师有参与班级管理的想法,往往又怕"得罪"学生或担心与班主任的治班原则发生冲突,生怕别人说"管闲事"。而班主任对学科教师参与班级管理,也往往有不同的看法,担心学科教师的参与会影响自己在学生中的威信等。我在建立班级整体负责制的前提下,经常与任课教师交心、交换意见,采取"月会制",针对不同学生的不同问题,共同探讨、相互切磋,寻求解决问题的最佳办法。还有必要建立任课教师微信群。班主任和任课教师,可以把需要交流的事情发到群内,大家可以相互交流,有些问题可以单个交流。

3.班级管理的过程,是对学生进行知识教育、思想教育,并促使其养成良好行为习惯的过程。学生的进步与成长,不只是班主任一个人的努力就能实现的,而应该是全体教师集体智慧的结晶。因而,有效地进行"传道、授业、解惑",不仅要靠班主任去做,而且要靠全体教师的积极参与。我们采取"承包责任制"的形式,开展"一帮一"的活动,将思想表现不好、学习成绩后进的同学通过"月会"讨论之后,分配承包给任课教师,乃至生活上慷慨解囊,资助家境贫困的学生,有的帮助制订切合实际的学习计划。

三、培养好班团干部和学生骨干

熟悉学生,寻找充当班主任左右手的班团干部和学生骨干,在寻找时采用演讲竞选或推荐的形式,选拔干部和确定学生骨干,干部选好后,就进行培训。常言道:"干部干部,先干一步,群众看干部。"所以,班主任必须提高干部、骨干的素质,培养他们的能力,多关心他们的思想、生活、学习。俗话说,"一个好汉三个帮""孤掌难鸣"。班主任要善于培养班团干部、骨干,多征求他们的意见,充分调动他们的工作积极性,发挥他们的主观能动性。

四、开展活动练素质、提能力、促创新

班主任在抓管班级时,要多开展各项生动有益的活动,增强班级凝聚力、集体意识、合作精神、集体荣誉感。利用各项有益、有趣活动来全面提高学生的素质,促进其创新意识的形成。可以利用班会课、读报课跟学生讲张海迪等人的故事,讲没有"博士帽"的陈寅恪的学习精神,以及古人"凿壁偷光""映雪读书""追月读书""悬梁刺股"的求学故事。可以利用读报课让学生演讲,谈学习经验、方法、体会,谈人生目标、理想、追求,谈对某一事物的观点、看法,来训练学生的

心理素质、办事胆量、口语表达能力。"三人行必有我师""只有学而知之,没有生而知之""求学贵知疑,知疑贵问师,小疑获小进,大疑获大知"。鼓励学生多问老师、同学,既能解决学习中的疑难,又能达到胆量和心理训练的目的。

五、利用"家访""社访""QQ 群""微信群",调动家庭、社区及社会积极参加班级管理

通过"家访""社访""QQ 群""微信群",能够全面了解学生所受家庭教育及学生在家和在社区的实际表现。同时,也能将学校教育信息及学生在班级中的表现反馈给学生家长和社区,还能正面宣传现行教育思想、教育体制、学校的教育教学及管理水平,听取家庭及社会对班级的看法、意见,及时改进教育教学及管理方法。利用定期的家长会,请家长或社区有名望人士到班级中讲学,让学生真正做到遵纪守法、勤学好问、勤俭朴实、积极向上。

抓班风学风建设　促班级整体提升

良好的班风、学风是一个班集体向上发展的保障。那么,如何建立良好的班风学风呢?我以为应当从以下几个方面入手。

1.**多鼓励,少批评**。鼓励性教育的关键是用"肯定的评定"。美国著名心理学家贝蒙认为"肯定的批评"可以把学生的自我知觉、态度、行为引向正确的方面。根据"归因效应",如果我们只用斥责、批评、数落、埋怨、说教、压服等教育方式,即使是改变了学生的行为,学生也会把这种"改变"归因于被说服,而不是自己主动,因而产生的新行为是难以持久的。俗话说"六十岁的老人爱奉承",孩子是夸出来的。先肯定其长处然后再指出不足或失误,并且经常采用鼓励式的批评,学生不但容易接受,而且利于学生自信心的培养。

2.**多谈心,少说教**。在班上我只要一发现问题,就马上找当事人沟通,指出问题出在哪儿,应该怎样做才好;每次月考成绩一出来我就逐个找学生了解考试情况,帮助学生分析产生的原因,让学生心悦诚服。例如,我们班的杨某、廖某等同学,高二第一个月就打了两次架。打第三次架之前,我进行了及时的疏导和阻止。

3. **多关心,少冷漠**。关心学生,不仅要培养他们的自尊心、自信心,更要在思想上、人格上关心他们。如对综合能力较弱的学生,我变忽视为重视,变冷漠为关注,变薄待为厚待,让他们未来的路有阳光,以关爱推动教育,实现"自我管理、自我学习"的转变。

4. **多指导,少指责**。著名教育家陶行知先生曾说过:"你的教鞭下有瓦特,你的冷眼中有牛顿,你的讽刺中有爱迪生。"教师不仅向学生传授文化科学知识,而且还要教学生如何学习、如何生活,如何做人、如何健体。教师在平时教育教学中对学生要多指导、少指责,特别是对后进生要做到处处真诚相待,时时耐心指导。因为,经常指责学生会对班级产生不易觉察但却具有毁灭性的影响。由于担心受到指责,学生会变得缺乏创新和创造力,不愿意从错误中学习。在日常教学中,有些教师认为,学生犯了错就应该严厉批评,并不分青红皂白、不顾场合和方式一味地指责。这很容易影响学生的积极性,甚至还会让学生产生"破罐子破摔"的心态。教师只有用博大的人文精神、宽阔的胸怀教育学生、爱护学生、尊重学生,才能促进学生健康全面地发展。

我与国旗有个约会

中华人民共和国国旗是五星红旗,为左上角镶有五颗黄色五角星的红色旗帜,旗帜图案中的四颗小五角星环绕在一颗大五角星右侧呈半环形。红色的旗面象征革命,五颗五角星及其相互联系象征着中国共产党领导下中国人民的大团结。四颗小五角星应该各有一尖正对着大星的中心点。

"起来,不愿做奴隶的人们……"伴随着雄壮有力的国歌声,鲜艳的五星红旗冉冉升起。我们注视着国旗,行注目礼。此时此刻,我们早已心潮澎湃,思绪万千……

每当中华人民共和国国旗,在世界各地的赛场上冉冉升起时,我的心情是无比的激动、骄傲与自豪!

看着眼前这面红旗,我想到了渣滓洞里江姐用生命绣成的国旗。"线儿长,针儿密,含着热泪绣红旗……一针针啊一线线,绣出一片新天地。"多么美妙的歌声呀,这是江姐和战友们在监狱里绣红旗时唱的歌。在艰苦恶劣的环境中,江姐和她的战友们却毫不动摇,依然保持着坚定的革命信念,哪怕是献出生命。他们是为了什么呢?都是为了那面鲜艳的五星红旗,都是为了中华人民共和国的诞生。

看着眼前这面红旗,我想到了奥运赛场上一次又一次升起的五星红旗。1984 年,许海峰为中国代表团赢得了第一枚奥运金牌,那时人们为之震撼!而今天,我们的祖国日益强大,我们的运动健儿为国争光。2008 年北京奥运会上,中国代表团以奖牌总数 100 枚的好成绩位居奖牌榜首位。每当国歌奏响的时候,每当国旗升起的时候,我就会热血沸腾,我跟着运动员一起深情地凝望国旗,真诚地唱响国歌。那时候,我为我是中国人而感到骄傲、自豪!

里约奥运会,中国共摘取 70 枚奖牌。其中,金牌 26 枚。在里约奥运会上,一次又一次地升起中华人民共和国的国旗。在此次的奥运颁奖舞台上出现了尴尬的情况,射击和孙杨 400 米自由泳颁奖仪式中,冉冉升起的五星红旗被搞错了,五星红旗的四颗小五角星并没有一尖正对大星的中心点。我们要清楚、要牢记,不能让国外的敌对势力的阴谋得逞,我们要誓死捍卫我们的国旗。

看着眼前这面红旗,我的思绪又飞到了四川的汶川。在被废墟掩埋的时刻,一群学生唱响了国歌,互相鼓励,这歌声实在让人感动。大地震过去不久,一些学校就复课了。同学们在废墟前举行庄严的升旗仪式,那场面实在令人难以忘却。这时,我读懂了强大的祖国,祖国的人民又是多么的坚强不屈!

当五星红旗冉冉升起的时刻,我在心里呼唤——五星红旗,我为你骄傲!你的名字比我生命更重要!

中学生要进一步重视思想道德品质教育

目前,学生的思想道德和礼仪的主流是积极向上、令人欣慰的。但在学生思想道德和礼仪教育中,也还存在着诸多问题。如社会公德意识不够强,努力学习的风气不够,刻苦钻研和积极进取的精神不强,积极向上的人生观、价值观、世界观不够,家庭教育没有注重全面发展,家庭、学校、社会教育没有很好地结合,初、高中生早恋现象升温,不注重节约,爱吃零食,不关注两型社会建设的大有人在。应建立以学校为核心,以家庭为桥梁,以社区为依托,司法做保障,形成德育合力。共同构建一个全方位的立体式德育网络,以提高学生思想道德教育的实效。德育工作是整个教育工作的首要环节,也是落实《公民道德建设实施纲要》及《中共中央国务院关于进一步加强和改进未成年人思想道德建设的若干意见》的内在要求。曾经轰动一时的大学生伤熊事件、马加爵杀人事件,都给我们留下了深深的思考。问题发生在大学生身上,但与他们在中学阶段的学习、生活和所受的教育有着直接的联系。从中学生心理特征出发,设计出多元化、多彩化的活动或项目,充分调动学生的主观能动性和参与积极性,直接决定着多方所有努力的最终效果。因此,如何加强学生的思想品德教育是教师的一项重要课题。学生思想品德现状如何,越来越引起党和政府、社会各界的高度关注。

究其原因,与下列方面有关:

1. 我国自 1980 年把计划生育作为一项基本国策来抓,时至今日(2012 年)人口控制得相当好。独生子女多,父母都很宠爱自己的小孩,特别是爷爷奶奶、外公外婆还很溺爱"小皇帝"或"小公主"。一些孩子在溺爱的环境中生活,缺少道德教育、礼仪教育、磨难教育、亲情教育,部分孩子任性、没礼貌、自私、爱慕虚荣,尽管有智商,但是没有情商。

2.我国自 1979 年实行改革开放以来,经济迅速发展,沿海和一些城市急需大量的劳动者,内地大量的农民工外流,留守家庭猛增。

3.随着社会的向前发展,文明程度的不断提高,离婚率剧增,从而使单亲家庭剧增。

4.随着国民经济的不断攀升,贫富分化越来越明显,分配不公日渐凸显。国家现在不仅担心经济的发展,更担心社会财富的分配问题。社会不稳定因素呈上升趋势。这些社会现象对学校的影响也十分明显。

5.教育主管部门和学校重智育、轻德育的现象比较严重。特别是高中教育,还是以高考为核心,围绕高考这根指挥棒转。应试教育在人们心目中还根深蒂固。

6.人的价值取向变化很大,价值取向发生多元化。

几点建议:

1.市委、市政府主管教育的书记、市长要更进一步重视中小学校思想道德和礼仪教育。要把它纳入各级各类学校"三个文明建设"的考核中。要改变原来的检查方式,要做到随时抽查和定期检查相结合。

2.各级教育主管部门要更进一步加强中小学校思想道德和礼仪教育。改变督查形式,将平时随机检查的结果纳入到学校年终目标管理考核之中。

3.市委、市政府每年要下拨专项资金用于学校思想道德和礼仪教育上。

4.各级教育主管部门要下拨专项资金用于学校思想道德和礼仪教育上。且定期或不定期对各校进行检查(分笔试和面试两部分)。要进行总结表彰、奖励。

5.各级各类中、小学校要定期举行思想道德和礼仪教育的专题讲座、知识抢答、总结表彰。帮助学生形成养成教育。

6.市委、市政府要制定切实可行的制度,营造良好的氛围。为各级各类学校按章操作,保驾护航。

下面浅析一些现象和解决的办法:

1. **社会公德意识不够强**。针对学生这一现象,班主任可以设计一些有关随地吐痰、乱画乱写、乱丢、在公共汽车上不让座、十字路口过马路不遵守交通规则、不关水龙头、在医院或其他公共场所大声喧哗、损坏公物等的视频播放给学生看,然后要求学生开展讨论。这种方式比我们说教要好得多,效果很明显。明荣耻,知荣辱,用"八荣八耻"做自己的人生指南。

2. **努力学习的风气不够,刻苦钻研、积极进取的精神不强**。针对中学生这一问题,班主任可以将"泰国猴子也靠文凭打工"这一故事印在班报中,给学生看。学生从这一故事中悟出必须认真学习、刻苦钻研、努力提升自己的文化素质。明人生,知艰苦,用永攀高峰、立志成才的奋斗精神为自己的永恒动力。

3. **积极向上的人生观、价值观、世界观不够**。针对学生这一现象,班主任每天可以在班里黑板的左边写一些名言警句,在每期的班报中都刊出一些班内的典型事迹、名人名句供同学们学习。人生观是对人生目的、意义的根本看法和态度。人生观是世界观的重要组成部分,是世界观在人生问题上的具体表现。世界观是人们对自然和社会的根本看法。世界观人人都有,只不过有些世界观是正确的,有些世界观是错误的,有些世界观是系统的,有些世界观是零碎的。人生观、价值观中涉及的核心问题是对集体、对社会的认可和接纳。教师要多指导学生让个人事业有成,实现个人价值和为国家和人民服务,奉献社会。学生体现集体主义内涵的雷锋精神、奉献精神、服务社会等观念要加强。利用读报课引导学生加强家庭道德方面的教育,主要是青少年个人中心主义、不关心他人、不关心集体、较少干家务、不孝敬父母或长辈等方面。明法理,知是非,用社会主义法治理念作为自己的人生路标。

4. **家庭教育不注重全面发展**。针对家长这一现象,班主任可以利用"家教通""家长学校"、班报、家访等方式与家长及时取得联系,帮助家长引导教育学生。父母一般最关心学生的学习,而忽视了学生的品德教育、心理教育、身体健康,以及为人处世、待人接物等交往状况。我用"孟母三迁""岳母刺字"的故事帮助家长。陶行知《致育才之友书》中,爱迪生幼年的故事,给了我两个深刻的印象:一是科学要从小孩学起;二是科学的幼苗要像爱迪生的母亲一样爱护才能保全。孟母教子择邻三迁,而我们一些学生的父母根本没考虑到教育的重要性。苏霍姆林斯基在《给教育的建议》一文中写道:"体力劳动对于小孩子来说,不仅是获得一定的技能和技巧,也不仅是进行道德教育;而且还是一个广阔无垠的惊人的丰富的思想世界。这个世界激发着儿童的道德的智力的审美的情感,如果没有这些情感,那么认识世界(包括学习)就是不可能的。"我们这些长辈们怎么能够履行启蒙教育者、家庭教育者的职责,这些学生到了学校,给学校带来的负担很重。

5. **家庭、学校、社会教育没有很好的结合。**要落实社会主义荣辱观"八荣八耻"(以热爱祖国为荣,以危害祖国为耻;以服务人民为荣,以背离人民为耻;以崇尚科学为荣,以愚昧无知为耻;以辛勤劳动为荣,以好逸恶劳为耻;以团结互助为荣,以损人利己为耻;以诚实守信为荣,以见利忘义为耻;以遵纪守法为荣,以违法乱纪为耻;以艰苦奋斗为荣,以骄奢淫逸为耻),将"八荣八耻"的内涵深入普及到广大青少年的内心。把家庭、学校和社会教育很好地结合起来,才有可能使我们倡导的教育内容为青少年所了解和接受。要突破"应试教育"的思维桎梏,深刻认识其危害性,牢固树立"育人为本""德育为首"的观念,以科学的发展观、人才观指导德育工作,纠正重智育轻德育、重课堂教学轻社会实践的倾向,为青少年的健康成长和全面发展创造条件、营造舆论。我国深化和发展素质教育必须坚持德育为首。但是,德育迄今仍然没有引起广大教育工作者的重视,学校教育失掉了重心,主要表现为重智育轻德育。教师最关心学生的学习成绩,绕着高考指挥棒转,忽视学生的思想品德教育,这不能不引起我们的深思。目前,我国中学教育所存在的主要问题是"应试教育"仍有相当市场,不少学校以应试和升学为办学目标,一味地追求考分和升学率,只关注学习尖子生,忽视大多数学生。忽视学生的思想道德教育,严重影响了青少年学生的全面发展。

青少年同父母的情感交流存在问题,中国的家庭教育中重学习轻品行、重智育轻德育是个顽症,也是老生常谈的话题。部分社区中,学生同他们父母存在情感交流的困惑和障碍,学生不愿意向父母倾吐其心声,家长也难以了解孩子的真实想法。这种情况对家长和孩子来说,都是很可怕的。从家长的角度看,如果长期与孩子缺乏交流,家长的教育就会无的放矢,其精神需求、心理需求得不到满足。从学生的角度看,他们正值成长发育期,难免会产生不少烦恼或问题,如果不及时同家长沟通,或不告诉他人而闷在心里,极容易产生心理疾病,不利于学生的健康成长。有关政府部门也没有真正对严重污染、腐蚀学生思想道德的影视节目、报刊、书籍、网吧等采取有效措施,思想道德建设仍缺乏一个良好的社会氛围。

多措并举、集中发力抓管班级

一分汗水,一分收获。春播一粒种,秋收万担粮。我知道,善于播洒希望的教师,才能迎来丰收的喜悦。我用我带的 543 班去实践,两学年来,有辛苦,有收获,有经验,有教训,有得也有失,但得多失少。

一、加强常规管理,培养健康集体

1.严格考勤,加强班级管理。早、中、晚及时到班,察言观色,督促学习。发现问题,随时解决,事无巨细,注重落实,奖罚分明。我早上带班上同学晨跑以后,就带专业生进行专业训练,特别是到了高三,体育专业生的训练要进一步加强,训练时间增加一些,我早上到班上的次数就减少或推迟一些。因此,我就充分调动班长的积极性,他按照规定到教室的时间登记好学生的到班情况,并及时公示在前面的黑板上。所以,我班出勤情况很好,一般不会有迟到现象发生。

2.研究学生与对策,做到有的放矢。沟通任课教师,了解学情,寻求帮手,广结人缘,以便齐抓共管。充分发挥任课教师和班主任的协同作用,一同齐抓共管,人心齐泰山移。明察暗访了解学生,知其优缺点,谁爱学习,谁爱淘气,谁爱运动,谁较懒惰,谁爱讲话,谁内向,谁活泼,谁思想有些开小差(早恋),逐一弄清,逐一解决。

选聘责任心强、敢于担当的班干部,给予充分的支持力和话语权,大力营造班级良好秩序。树立学习典型,传承榜样力量,大张旗鼓地扬正气、树学风。

3. 逐一谈话,逐个要求,逐一落实。按学情,逐个谈话,表扬优点,指出不足,确立目标,逐个提出要求。短期目标,一月一落实,用月考成绩来检测,对照个人目标进行落实。针对后进生,逐一了解,逐一落实和解决,制定易实现的小目标,及时反馈,及时肯定和表扬。

4. 传授技巧,传授方法,授人以渔。管是为了最终不管,强制与监管,管一时而不能管一世。培养学生自觉学习的意志品质,传授学生自主学习的学习方法,将是他一生享用不尽的财富。

5. 利用班会,锤炼意志。利用主题班会这块阵地,对学生进行信心教育、习惯教育、养成教育、感恩教育,并使其交流经验、交流学法,既锤炼了学生的意志品质,又促成了良好的学风、班风。

二、以学习为中心,用活动创氛围

1. 建立秩序课堂。引导学生理解老师,尊重老师的劳动,认真听讲,认真做笔记,认真做作业,养成良好的学习习惯。

2. 狠抓作业落实。今日事今日毕。不把作业留到明天,独立完成作业,严禁抄袭作业,奖勤罚懒,刚柔相济,宽严并施。

3. 引进竞争机制。让学生自选对手,决胜月考。竞争成绩,比付出、比效率、比提升、比进步。

三、注意心理辅导,加强学法指导

学习有法,学无定法。寻找适合自己的就是最好的。要求学生找出一种适用于自己的学习方法,并不断完善。加强对学生的心理辅导,促使学生拥有一个健康、乐观、积极向上、自信自立的好心态。

四、争取各任课教师的配合,发挥好纽带作用

针对我班学生学习特点,我主动找任课教师及时了解情况。每月召开一次 543 班科任教师交流会,对学生的情况进行逐一分析,寻求解决对策。深入课堂,进行听课。对于听课过程中发现的问题,及时和任课教师进行沟通。利用各种机会拉近任课教师与学生之间的距离。针对班内学生的情况,协调任课教师对学生进行辅导,学生学习动力有明显的提高。

五、及时与家长联系,促成家校共建,形成教育合力

我利用休息时间到城关地区学生家中做家访,用电话或微信与非城关学生家长交流,把学生在校的表现及时告知家长,让家长对子女的优点进行及时肯定,对缺点进行批评教育,以达到促进学生健康成长的目的。

总之,两年以来,通过 543 班全体师生的共同努力,学风班风、月考分数、期中期末考试成绩都首屈一指。学习习惯得到了很大的改进和提高,543 班取得了班级目标管理第一、高考成绩第一的优异成绩。育人的重任还在后面,学生即使上了他(她)理想的大学,但我还是他们的老师,我又组织他们建立了班级微信群,并将继续作为他们的导师,指导他们奋发有为,继续努力,激励他们上进。提升的道路任重而道远,我仍当辛勤耕耘,精心谋划,上下求索,汗水播洒处,花开会有期。

2019 年下学期高一(595)班班级工作总结

19 世纪俄国教育家乌申斯基曾经说过:"教师的人格,就是教育工作中的一切。""只有从教师的人格的活的源泉中才能涌现出教育的力量。"班主任是与学生接触最多,对学生影响最大,跟学生保持密切交往与联系的教师。因此,班主任的人格修养对班集体的建设具有决定性的作用,班主任参与的活动对促进班级全面发展和提升,意义重大。活动凝聚人心,活动鼓舞士气,活动激发进取心。

师爱既是学生接受教育的桥梁,又是形成富有凝聚力班集体的前提。

有人曾对100多名优秀中小学教师和模范班主任的教育活动进行过调查和分析,得出如下的结论:100%的模范班主任和88%的优秀教师"师生关系好,有威信";100%的模范班主任和优秀教师"对学生充满爱"。说明热爱学生是教育教学获得成功的基础。许多教师的教育实践证明:"纵使有许多'理'对学生讲几遍、十几遍,可学生就是'不懂不接受',依然我行我素。可是,一旦学生生病住院了,你去医院看一看,学生就会自责曾经对不住老师的事;学生生活有了困难,你给予帮助解决,学生就会下决心改掉自己的毛病;学生家中发生事故,班主任去安慰,学生就会下决心听你的话……这许许多多关心和爱护学生的行为举止,会拨动学生心灵深处的琴弦,引起学生情感的共鸣,诱发学生悔过自新、重新做人的决心和意志,会使学生懂得和接受你所讲的'理',感情投资越多,关爱学生越多,学生心灵就会被你征服,学生就会对你'言听计从'。相反,如果教师缺乏爱心,师生关系冷漠,双方心理隔阂严重,学生不仅不会接受教育,而且还会对教师的爱心(即使是正确的要求)产生'抗药性'。"正如一位教师总结的那样:"如果师生关系紧张,表扬,学生会认为是哄人;批评,学生会认为是整人。在这里的表扬和批评都成了教育的障碍。所以,只有从真正的爱生之情出发,教育才是有效的。"为了达到这点,班主任要组织本班同学多开展各项有益活动,并且自己要参与,要尽可能地挖掘每一位同学的长处、每位同学的闪光点,让他们感觉教师心中、眼里都有他,他们也有优点,他们也有自信。例如,班内组与组之间开展各种球类、拔河、跳绳、唱歌、跳舞、书写、书画、朗诵、默写、棋类、作业等比赛。

我班有一位因父母离异而造成严重心理障碍的学生,他玩世不恭,同学关系紧张,学习懒散,作风拖沓。为了转化这位学生,我抓准契机,感化诱导。一次,上学路上,他被违章车辆撞伤,车主拒不负担医疗费用,我主动联系相关部门进行了及时、公正的处理。同时,安排同学分批慰问和看护,使这位学生感受到了师生情、同学谊。复学后,其日常行为判若两人,学习成绩明显上升。用一片爱心,使他深受感动,同时也陶冶了其他学生的情感。使他们懂得人与人之间应该相互关心、相互爱护的道理。所以,有些学生主动提出愿意照顾这位学生,这就是爱的作用,这就是开展活动的实效。

教师爱学生,就会使学生在他的生活中不断地体验人与人之间那种友爱、善良、公正、尊重、信任等美好的感情,进而逐步形成对人与人之间关系的正确认识。由于这种认识和信念有着坚实的思想感情基础,学生不仅会由单纯地接受别人的爱,转化为爱同学、爱老师、爱父母,而且还会形成爱集体、爱人民、爱祖国的高尚情感和信念。在这样的基础上,形成的班集体才是牢固的。

一、尊重学生,民主对待学生,是形成良好班集体的关键

班主任如何对待学生,把学生放在什么位置,对学生能否形成集体意识,培养主人翁的责任感,形成良好的班集体,至关重要。

如果班主任老师始终把学生看作是与自己人格完全平等的人,看作是班级的主人,认真听取学生对班级工作的意见和建议,对于他们所做的工作,决不包办代替,那么,学生参与的积极性就容易被调动起来,良好的班集体就容易形成。在这个过程中,学生切实感到自己是班级的主人,对这个集体有义不容辞的责任,因此,总是想方设法要把这个集体搞好,这就是主人公精神的萌芽。集体意识的产生,经过不断强化,成为学生道德意识的一部分。当他们离开教师的直接指导,独立地走上工作岗位以后,这个道德意识还将起作用。由此可见,教师尊重学生,特别是尊重学生对班级工作的意见和建议,不仅有利于班集体的建设,使班级工作顺利进行,更重要的是,有助于学生走向社会以后以一个合格的社会成员的身份,以主人翁的精神面貌出现在众人面前,为社会主义事业勇于开拓,敢于创新,尽职尽责。

假如教师不是这样去做,总是自以为是,独断专行,听不得学生一点意见,一切都是自己说了算,缺少民主作风,那么,学生在这种环境中生活,就很难体会到自己是班级的主人;即使他对班级工作有好的建议,教师也不会接受,更不会采纳。久而久之,学生就不会把集体当作自己的集体,不会主动积极地为建设好它献计献策。当然,就谈不上主人翁的责任感。

本学期,8月22号至28号,我们进行了军训、学生日常行为规范教育、寝室内务整理、军歌校歌比赛等活动,我亲自参与,并出谋划策,取得了军训会操第二名、寝室内务整理第一名、军歌校歌比赛一等奖。学生写的军训心得体会,我亲自帮他们修改,并取得了很好的成绩。获一等奖的同学有唐好、张玉婷,获二等奖的同学有何佳豪、杨嘉诚,获得三等奖的同学有冯向卿、李希雅、黄朵朵、甘琳。学生办"爱眼护牙"板报、庆祝教师节板报、庆祝"建国70周年"板报时,我都给他们出谋划策并指导,获得第一名。田径比赛获得男子4×100米接力的第一名,女子4×100米接力的第五名,班级团体总分的第一名。熊紫颖同学参加的年级宪法知识演讲获得二等奖。10月份的班级文化建设获得一等奖,年级硬笔书法比赛唐好同学获得一等奖。11月份获班级拔河的一等奖,女子单跳(杨梦炫)夺得第一名,跳绳总成绩获得一等奖。9月、11月份的班级目标管理都是一等奖,11月份的班级目标管理夺得第一名;9月、10月、11月的月考成绩都是优秀行列。

二、班主任以身作则、为人师表,是促成良好班集体形成的保证

为人师表是教师的本色。师表就是表率、榜样的意思。为人师表,指教师用自己的言行做出榜样,成为学生学习、效法的楷模和表率。孔子一贯倡导教师要以身作则、为人师表,他说:"子帅以正,孰敢不正。"他认为,一个人首先自立,才能立人,首先正己,才能正人。所以他说:"其身正,不令而行,其身不正,虽令不从。"教师要率先垂范,言行一致,用自己的实际行动教育学生。

为人师表要求班主任有较高的人格修养。教师的一言一行,都起着耳濡目染、潜移默化的作用,班主任的人格力量是巨大的,"是任何教科书、任何道德箴言、任何惩罚和奖励制度都不能代替的一种教育力量"。所以,要建立良好的班集体,塑造学生美好的心灵,班主任一定要以身作则。要求学生做到的,自己先要做到,要求学生不做的,自己首先不做,成为学生的表率。

率先垂范是为人师表的重要表现。常言道:"身教重于言教。"班主任比任课教师更应该表里如一,言传身教。如果班主任言行不一,教育学生助人为乐,自己却自私自利;要求学生讲文明礼貌,自己却随地吐痰,出言不逊,粗暴惩罚学生;要学生遵守校规,自己却不遵纪守法,自由散漫……这样的班主任在学生心里的威信就会化为乌有,他说的话还有谁听呢? 班集体建设就会成为一句空话!

班主任的人格修养和他为人师表的作用对班集体的影响,我认为可以从以下几个方面来看:

1. 班主任的人格和表率作用,影响着集体核心的形成。班主任是"创造未来人"的特殊的"雕塑家",一个有高尚人格和处处以身作则的班主任,在学生心目中定会有崇高威信。他的一言一行自然成为学生的楷模,班主任严谨的作风、认真的态度、严格的要求、严于律己的精神,不仅给全班同学树立了榜样,而且为班级干部做出表率,在班主任的影响和指导下,班集体的核心和威信自然会形成,全班同学就会产生一种向心力和凝聚力。

2. 班主任的人格和师表作用,影响着班级正确舆论和良好纪律的形成。一个班级要有正确的舆论氛围,学生首先要有正确的是非观,这就需要班主任的正确引导和培养。俄罗斯唯物主义哲学家、文学评论家、作家车尔尼雪夫斯基认为,教师想把学生造就成什么人,自己就应当是这种人。班主任在学生面前应当既严肃又开朗,既庄重又亲切,既热情又理智,爱憎分明,是非明确,疾恶如仇,"庄严自恃、内外若一"。这样在班集体中就会形成正确的舆论,学生就会逐步形成哪些应该做、哪些不应该做的是非观。

老师在学生面前严于律己,首先,要树立远大的理想和无产阶级世界观,从较高思想境界上要求自己;其次,要言行一致,实事求是,严禁假话、大话、空话;再次,要遵纪守法,严守纪律,从来不迟到,为学生做好表率。特级教师、南京师范大学附属小学斯霞老师说得好:

"要使学生品德高尚,教师首先应该是一个品德高尚的人……要使学生遵守纪律、热爱集体、团结友爱、互相帮助,教师首先要身体力行。"只要班主任各方面率先垂范,班级正确的舆论和良好的纪律,就一定会瓜熟蒂落、水到渠成。

抓"三优"促班级整体提升
——"271高效课堂"中抓"特优生、优秀生、待优生"的点滴谈

我们现在推行的高效课堂把过去定名为"优生、中等生、后进生(差生)"改为"特优生、优秀生、待优生"。这样,能够提升学生的民主意识、参与意识、合作意识;能够更好地提升学生的各方面的能力,培养综合素质。作为班主任,抓好班级内学生思想表现、学习成绩、体育成绩、个性特长,促进班级整体提升,至关重要。

一、德育方面的"三优"

俗话说,一母生九子,和母十个样;一母之子,有愚有贤。对于我们一个班级中的同学来说,有差异是正常的,我们应该正确地认识和看待他们。既不能包庇特优生,又不能迁就优秀生,还不能放纵待优生。应该及时发现、及时解决、公平对待,做工作中的有心人。我们要动员20%的特优生,在从严要求自己的同时,协助班主任来引导优秀生朝特优生方面靠拢,帮助待优生(10%)朝优秀生(70%)方面努力、迈进。我们只要引导得法,教师们重视的话,他们是完全可以变成特优生的。如若不然,他们就会交叉感染,波及到优秀生,壮大他们的队伍,那么整体就难抓了。我充分调动全体班团干部和特优生的积极性,淋漓尽致地发挥他们的榜样作用,既起管理作用又起榜样作用。我利用第一节班会课,跟学生讲"四个学会"(学会做人、学会健体、学会学习、学会生活)。经过几个月的磨炼,我们的班级目标管理稳步提升。

二、智育方面的"三优"

人的潜能不可估量。心理研究表明,正常学习工作的情况下,人的潜能只发挥了40%左右。即使是爱因斯坦这样伟大的科学家,也只发挥了60%的潜能。智力多元理论指出,人的区别不在于聪明不聪明,而是激励学生把自己的潜能挖掘出来,把聪明展现出来。

"271高效课堂"中规定20%的学生为特优生,70%的学生为优秀生,10%的学生为待优生。"教育要面向全体学生"是党的教育方针;"为了一切学生"是学校育人的原则;"人人成功"是素质教育的最终目标。我们没有权力忽视中等生(优秀生)、歧视后进生(待优生),人为地造成教育不平等。70%的优秀生(中等生)、10%的待优生(后进生),他们的进步与否,直接决定着学校、班级的整体教育教学质量。忽视中、后进生(优秀生、待优生)有碍于个性潜能的发挥。中、后进生(优秀生、待优生)他们各有所长,可塑性极大。只要热切关注,引导得当,教育得法,优秀生转化成特优生,待优生转化成优秀生毫不足怪,不费吹灰之力,易如反掌。但是,很多学校、教师只习惯于抓特优生,力争考重点、考名牌。中、后进生(优秀生、待优生)长期得不到关注、重视,导致他们认为自己在班上无足轻重、可有可无,做什么都没有意义。忽视这些学生导致其心理问题的滋长。相当多的待优生、优秀生有更大的学业和精神压力,他们有一定的学习基础,比特优生有更高的自我期望。而与特优生相比,他们的基础、能力又逊色不少,尽管学习特别刻苦,甚至废寝忘食,效果却往往不尽如人意。因此,他们最容易产生挫败感、自我无能感,陷入失去自信的抑郁情绪中,也最需要关心、关爱和激励,被漠视的感觉轻则会让他们自暴自弃,甘居中游,甚至下滑;重则会让他们出现心理偏差,带着沉重的心理负担在学业上苦苦挣扎,最终精神崩溃而不得不终止学业;最为严重的是,当他们出现了心理偏差时,如果没有人去关注,及时疏导,可能会出现出走、自残,甚至自杀、犯罪。中、后进生(优秀生、待优生)是学生的主流,忽视了会造成大面积的教育荒废,甚至导致惨痛的悲剧发生。对待他们,哪怕只是一个肯定的眼神,一句简短的提问，都能给他们的心灵带去巨大的震动，让他们感到被关注的幸福，从而远离颓丧，变得振作、奋发。关爱的阳光只需一缕，就能照亮优秀生和待优生的天空，而这片灿烂的天空必将使整体的学生接受阳光的照耀和雨露的滋润。我利用班会课跟学生讲"勤学的典故""身边的典型""记忆方法""学习方法"。功夫不负有心人，我们班的文化考试成绩，每次都名列前茅。

三、体育、美育、劳动等方面的"三优"

韩愈曾说："闻道有先后，术业有专攻。"我们的同学各有各的特长。我们既要看重体育、美育、劳动方面拔尖的特优生，也要重视这些方面的优秀生，同样不能忽视这些方面的待优生。他们也是我们的学生，也是我们的培养对象，也是我们整体中不可或缺的大部分。转变一个优秀生、待优生，与培养一个特优生同等重要。每当我们转变一个优秀生或者待优生时，我们的特优生又增加了一个。我利用班报、黑板报向学生宣传体育、美育、劳动的重要性，激励学生培养综合素质。我班参加的校田径、球类、文娱、美术等综合团体比赛，获得年级理科班中的第一名。

结论：我们作为教育工作者，特别是班主任，一定要有全局意识，不能顾此失彼，不能头痛医头、脚痛医脚，一定要统筹兼顾。一定要有政治的敏锐性、思想的前卫性、工作的严谨性、作风的硬朗性。一定要充分调动一切可以调动的积极因素利用一切可以利用的时间、机会，讲求效率地去引导学生，做到人尽其才、物尽其力。

第四辑 在外培训学习、"充电"的部分笔记

　　1991 年 10 月 29 日—10 月 31 日,我受汨罗市教育局的派遣,在株洲市铁路一中、一小听体育教学改革课。

　　1992 年 11 月 30 日,我受教育局委派,在长沙市一中听课学习。

　　1995 年 8 月 10 日—8 月 19 日,我在湖南师范大学就读北京体育大学的函授班。(1996、1997、1998 年也是暑假培训学习)

　　2001 年 11 月,我受教育局的委派,在郴州市观摩湖南省第七届中小学优质课。

　　2004 年,学校派我参加岳阳市骨干教师培训。

　　2005 年,学校派我在长沙市一中参加高级教练员培训,我认真聆听了国家队刘翔的教练——孙海平教练讲课。

　　2005 年 1 月 16 日—20 日,我在岳阳市参加中国人民政治协商会议岳阳市第五届第三次会议。(2002 年—2012 年,连续十年担任岳阳市第五届、第六届政协委员)

　　2008 年 3 月 28 日—3 月 30 日,我受汨罗市教育体育局派遣,在长沙市参加湖南省体育教师、教练员"科学运动、合理营养"的培训。

　　1.运动营养与学生体质健康,防治兴奋剂对青少年学生的危害。(杨则宜老师主讲)

　　2.青少年体育特长生、高水平运动员的营养需求及体育恢复措施。(曹建民老师主讲)

　　3.当前,我国青少年体质健康状况存在的主要营养问题。(逄金柱老师主讲)

　　4.青少年体育特长生、高水平运动员的科学化训练。(蔡立君

老师主讲)

2008 年暑假，又参加了湖南省体育与健康课程骨干教师培训，培训回来后，按照岳阳市教育局的安排，在岳阳市二中给岳阳市全体体育教师讲新课程改革。

2009 年 7 月 11 日—15 日，我受岳阳市教育局的委派，参加了湖南省普通高中新课程省级骨干教师培训（长沙市树木岭路国龙宾馆）。12 日上午 8：30 开班仪式后，我认真听取了天津市汉沽一中特级教师张金生教授讲授的"高中体育与健康教材重点解析与课堂教学设计"。张教授谈了说课的八个方面：

①指导思想；②教材分析；③教学内容；④教学目标；⑤教学程序；⑥本课特点；⑦本课的练习密度、运动量（强度）；⑧谦虚的总结。

7 月 12 日下午，我专心听取了长沙市一中吴军教授的"开展校本教研、促进教师专业发展"。他谈及了：

1. 基本理念：校本教研的概念、特点；

2. 校本教研的基本要素：自我反思、同伴互助、专业引领；

3. 行动研究是校本教研的基本方法；

4. 校本教研的基本流程：学校选项、年级选项、年级分大班进行选项（一个教师负责两个项目）、班内选项；

5. 构建校本教研的制度体系：

①理论学习制度；

②建立一个对话交流制度；

③建立课题研究制度，形成浓厚的学术研究氛围；

④开展多形式教育教学研究活动，"四个一"工程（50 岁男教师、45 岁女教师）：上一节示范课，每月写一篇教学反思，在师徒活动中为徒弟指导一节课，每学期写一篇教学论文。"六个一"工程：上一节公开课，单元教学结束写一篇教学反思，做一个课件，设计一个游戏，读一本书，写一篇教研论文。

⑤集体备课是教师专业成长的重要环节：研究教学理念、教材、教学重点与难点、学生的学习方式、教学设计、教学计划实施情况。

⑥课程的基本理念:课程的性质、课程的基本理念、课程的框架。(体育选项的团队或社团可以与研究性学习结合起来)

7月13日,我洗耳恭听了湖南省长沙市株洲县第六中学朱金华教授主讲的"听课与研讨";湖南省长沙市长沙县六中尹曙明老师讲的"篮球双手胸前传接球"。他谈到,以"健康第一"为指导,面向全体,培养学生终身体育意识。

1. 新课改理念领悟好。

2. 重难点突出。

3. 分组后由小组长组织(培养骨干)。

4. 设问(启发式)激发学生学习篮球的兴趣、运动参与和社会适应领域目标。

5. 辅助练习的措施得力、方法多、形式多样、内容丰富,学生学习的积极性高:

①双手胸前传接球(教案和讲述过程中就只有传球)(应该有迎球)。

②自主、合作、探究的教学模式。先让学生进行对抗赛,然后发现问题、提出问题,再逐一探究。教师然后讲评,学生练习后,出范例展示。

7月13日下午,听取了桃源一中李俊老师讲的"鱼跃前滚翻"。他强调"移中心,摆两臂,蹬地跃起前翻转,臂缓冲,髋保持,低头含胸团身起"。可以采用对墙推双掌,团身滚动,前滚翻,可以用橡皮筋做障碍物等练习。

2009年11月14日—15日,我被抽调到岳阳市南湖宾馆参加岳阳市"四差额"选任县、处级领导干部差额竞职会,投票选举。此次抽调,岳阳市在全地区乡下抽调3位政协委员、4位人大代表、2位党员代表参加。

2016年至今,出任汨罗市第十届政协委员。

2019年11月27日—28日,在湖南师范大学体育学院综合馆和田径场,观摩"湖南省第十四届中小学生体育与健康课教学竞赛获奖课展示活动。"我们观摩学习了：

1. 长沙市岳麓区博才咸嘉小学龙胜老师的"运球与传球"；
2. 株洲市第十九中学周凯老师的"排球正面双手垫球"；
3. 益阳市沅江市琼湖中学肖瑶老师的"健美操"；
4. 长沙市长郡中学白霖老师的"持球交叉步突破"；
5. 长沙市高新区虹桥小学周杨老师的"跪跳起练习"；
6. 湘潭市江声实验学校张其亮的"快速跑"；
7. 娄底市第一中学吴妮老师的"足球直传斜插二过一"；
8. 娄底市星星实验学校李悄老师的"跆拳道下劈腿教学"。